KB196077

좌파내란을 탄핵한다

좌파내란을 탄핵한다_내란이 아니라 내전이다

펴 낸 곳 투나미스
발 행 인 유지훈
지 은 이 전영준©
프로듀서 류효재 변지원
편   집 최성환
마 케 팅 전희정 배윤주 고은경
초판발행 2025년 01월 31일
초판인쇄 2025년 01월 15일
주   소 수원시 권선구 금곡로196번길 62, 에스제이타워 3층 305호 조인비즈 6호
대표전화 010-4161-8077 | 팩스 031-624-9588
이 메 일 ouilove2@hanmail.net
홈페이지 www.tunamis.co.kr
I S B N 979-11-94005-24-7 (03330) (종이책)
I S B N 979-11-94005-25-4 (05330) (전자책)

좌파내란을
탄핵한다

내란이 아니라 내전이다

전영준

투나
미스

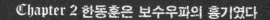

Chapter 2 한동훈은 보수우파의 흉기였다

Chapter 3 더불어민주당은 체제파괴의 발원지

Chapter 1

오죽하면 그랬을까

비상계엄 타임라인

여수·순천 사건
제주 4·3사건
1948
이승만

1950
이승만
6·25 전쟁

전쟁 공비 토벌
1951
이승만

1952
이승만
부산 정치 파동

4·19 혁명
1960
이승만

1961
박정희
5·16 군사혁명

한일회담 반대 시위
1964
박정희

1972
박정희
10월 유신체제

부산·마산 사태
1979
박정희

1979
최규하
박정희 대통령 암살

민주화 운동
1980
전두환

2024
윤석열
종북 반국가세력 척결

01 비상계엄, 오죽하면 그랬을까

윤석열 대통령은 국가를 지키고 헌정을 수호하겠다는 강력한 의지를 보여주었다. 윤석열 대통령의 비상계엄 선포나 국회의 비상계엄 해제 결의안을 비판해서는 안 된다. 이는 대통령으로서 비상대권을 행사한 정당한 통치 행위였다. 윤 대통령의 비상계엄 선포는 국가의 핵심 기능을 마비시키고 자유민주주의 헌정 질서를 붕괴시키려는 반국가세력에 맞선 결단으로, 구국의 의지를 표현한 것이다.

윤 대통령은 12월 4일 새벽 4시 27분경 용산 대통령실에서 생중계를 통해 비상계엄을 선포했고, 6시간여 만에 이를 해제하기로 결정했다. 국회가 본회의에서 비상계엄 해제 결의안을 가결한 것이 헌정을 지키기 위한 조치였다면, 윤 대통령의 비상계엄 선포는 진보좌파 세력에 맞선 국가수호의 의지였다. 윤석열 대통령은 국가수호와 헌정 수호, 두 가지 의지를 모두 보여주었다.

윤 대통령의 이번 비상계엄 선포는 국회를 장악한 진보좌파 세력의 입법 내란에 맞서 대통령이 사용할 수 있는 최후의 권능이었다. 더불어민주당을 비롯한 야권은 윤석열 정부 출범 이후 22건의 정부 관료 탄핵 소추를 발의했으며, 22대 국회 출범 이후에도 10명에 달하는 공직자 탄핵을 시도했다. 행안부 장관, 방통위원장, 감사원장, 서울중앙지검장, 국방장관 등 핵심 공직자를 대상으로 탄핵을 추진하며 대통령의 손발을 묶으려 했다. 이에 윤 대통령은 야권의 타협 없는 입법 독재에 맞서 거부권을 수차례 행사할 수밖에 없었다.

또한 야권은 검찰, 감사원, 경찰 등 사정 기관의 특수활동비 678억 원과 대통령실 특활비 82억 원을 전액 삭감하고, 정부의 비상 예비비(4조 8천억 원)마저 반으로 줄이는 감액 예산안을 단독 처리했다.

법원을 겁박하고 검사 탄핵을 시도하며 사법 기능을 마비시키는 모습도 목격해야 했다. 거짓말과 뻔뻔함, 내로남불이 난무하는 상황은 공산주의적 사고방식 아니면 불가능한 일이다.

과거 김대중 전 대통령은 두 자식이, 노무현 전 대통령은 친형과 측근들이 구속되어도 이러한 행태를 보이지 않았다. 박근혜 전 대통령은 탄핵을 당했음에도 대한민국의 법적 절차를 수용했다. 그녀는 자신을 수사했던 윤석열 대통령의 성공을 오히려 응원하고 있다.

반면, 문재인 전 대통령과 이재명 대표를 중심으로 한 더불어민주당 내 세력은 윤 대통령을 배신자로 몰아가며, 잘못이 없음에도 불구하고 그의 수사를 '파렴치한 행위'로 몰아내려 혈안이 되어 있다.

이번 사태를 계기로 진보좌파 세력은 위헌과 위법을 주장하며 윤석열 대통령 탄핵을 본격적으로 추진할 가능성이 높다. 그들의 목적은 단 하나, 이재명을 앞세워 남한 내 체제 변혁을 통해 종북 정권을 세우는 것이다.

그동안 진보좌파 세력이 추진해 온 군 무력화, 검찰 무력화, 사법 무력화, 언론 장악, 상설특검 추진, 그리고 이재명, 조국, 송영길 등의 뻔뻔함이 이를 잘 보여준다.

이재명 추종 세력은 그가 경기도지사 시절 법인카드 1억 원을 사적으로 사용한 것을 당연시하면서, 김건희 여사가 300만 원

상당의 명품백을 우발적으로 받은 사건은 뇌물이라며 악마화하고 있다.

국가와 헌정을 지키겠다는 의지

윤석열 대통령은 국가를 지키고 헌정을 수호하겠다는 의지를 명확히 보여주었다. 하지만 더불어민주당 등 국회 내 진보좌파 세력이 국가 기능을 마비시키는 무도한 행위를 멈추거나 자제할 것이라고 기대해서는 안 된다.

윤 대통령은 진보좌파 세력의 비판에 의기소침하지 말고, 폭풍우가 몰려와도 맞서 싸우겠다는 의지를 더욱 불태워야 한다. 대한민국의 미래를 위해 윤 대통령은 고독한 투쟁을 감내해야 한다.

2024. 12.04

02 야권의 입법 난동을 탄핵해야

윤석열 대통령의 비상계엄 선포는 국가 수호를 위한 결단이었으며, 국회의 비상계엄 해제 결의안을 수용한 것은 헌정 수호를 위한 조치였다.

그러나 더불어민주당 등 야권은 오는 7일 대통령 탄핵소추 결의안을 통과시킬 계획이다. 이들은 윤 대통령의 비상계엄 선포를 두고 '내란죄', '위헌', '위법', '체포', '탄핵' 등의 단어를 동원해 대통령을 압박하고 있다. 그러나 이는 사실 왜곡과 선동에 기반한 정치적 공세일 뿐이다.

윤 대통령은 비상계엄 선포와 국회의 계엄 해제 결의안 수용

모두 헌법 절차에 따라 진행했다. 전혀 문제가 없는 합법적인 조치였다.

만약 국회에서 일부 친한동훈계 의원들이 동조해 탄핵소추 결의안이 통과된다고 하더라도, 헌법재판소에서 기각될 가능성이 높다. 헌재에서 탄핵안이 인용되려면 재판관 6명이 동의해야 하지만, 이번 사안에서 탄핵소추 결의안이 헌정 수호 의지 부족으로 기각될 가능성이 크다.

일부 보수우파에서는 대통령이 계엄 선포라는 중대한 권한을 충분히 준비하지 않은 채 너무 쉽게 사용했다고 비판한다. 그러나 민주당의 입법 폭주와 정부조직법 개정안 보류, 여가부 폐지 저지, 감사원장과 검사 탄핵 시도, 간첩죄 개정안 보류, 공권력을 무력화시키기 위한 예산 전액 삭감 등 그 배경을 생각해 보면, 이러한 비판은 온전하지 않다.

더불어민주당과 진보 좌파 세력의 만행을 외면한 채, 윤 대통령의 국가 수호를 위한 노력을 비판해서는 안 된다.

윤 대통령이 실수가 있더라도 이재명 대표와 그 일당보다 훨씬 낫다는 사실을 인정해야 한다.

윤 대통령을 조롱하기만 하면 더불어민주당과 종북 세력은 더욱 기세등등해질 것이다.

윤석열 대통령이 조기퇴진한다면 국민의힘에서는 어느 누구도 대통령직에 오를 수 없다. 윤석열 정권이 안정적으로 순항해야 정권 재창출도 가능하다.

대통령의 결단을 두고 "오죽했으면 했을까"라는 마음으로 이해해야 한다. 지금 필요한 것은 윤석열 대통령을 비난하는 것이 아니라, 더불어민주당 등 야권의 입법 난동을 탄핵하는 것이다.

2024.12.04

03 비상계엄 해제 결의안, 과연 유효한가?

12월 4일 새벽, 국회 본회의에서 윤석열 대통령이 선포한 비상계엄령 해제 결의안이 재석 190명 전원 찬성으로 가결됐다. 이로 인해 대통령이 발동한 비상계엄령은 즉시 무효화된 것으로 보인다. 그러나 이 결의안의 법적 유효성을 둘러싸고 논란이 일고 있다.

법 절차의 쟁점

비상계엄 해제 결의안의 적법성은 헌법 제77조 4항과 5항의 해석에 따라 달라질 수 있다. 해당 조항은 다음과 같다.

④ 계엄을 선포한 때에는 대통령은 지체 없이 국회에 통고하여야 한다.
⑤ 국회가 재적 의원 과반수의 찬성으로 계엄의 해제를 요구한 때에는 대통령은 이를 해제하여야 한다.

쟁점은 대통령이 '지체 없이' 국회에 계엄 선포 사실을 통고했는가에 있다. 만약 통고가 이루어지지 않았다면, 국회가 통고 없이 결의안을 가결한 것은 법적 효력을 갖지 못할 가능성이 크다.

'지체 없이'라는 표현은 해석의 여지가 있다. 이를 '즉시'로 볼 것인지, 아니면 공무원의 업무 개시 시점인 오전 9시를 기준으로 할 것인지에 따라 결론이 달라질 수 있다.

비상계엄 포고령 제1호가 국회의 해제 결의안보다 먼저 발표된 점도 논란의 핵심이다. 포고령 제1호는 "국회와 지방의회, 정당의 활동, 정치적 결사, 집회 및 시위 등 일체의 정치 활동을 금한다"는 내용을 포함하고 있다.

이 포고령이 유효하다면, 비상계엄 해제 결의안은 포고령에 의해 무효화될 수 있다. 포고령이 국회의 결의안보다 시간적으로 앞섰다는 점에서, 법적으로 우선권을 가질 수 있다는 주장이 제기될 가능성이 있다.

국무회의 심의의 문제
계엄법에 따르면, 계엄 해제는 국무회의의 심의를 거쳐야 한다. 그러나 이번 결의안은 국무회의 심의 없이 진행됐다. 만약 계엄군이 국무위원들을 구금하거나 국무회의를 열 수 없는 상황을 만들었다면, 이는 또 다른 논란을 야기할 수 있다.

1961년 5·16 혁명 당시 혁명군이 장면 내각의 승인을 얻기 위해 총리를 찾으러 다녔던 사례는 현재 상황과 흡사하다. 국회와 계엄군 간의 긴장 관계가 법적 혼란을 더욱 심화시키고 있다.

윤석열 대통령의 딜레마

윤 대통령이 국회의 해제 결의안을 인정하면 대통령직 사퇴 요구에 직면할 가능성이 높다. 반면, 이를 부정하면 성공한 친위 쿠데타로 비칠 위험이 있다. 이는 단순한 법적 논쟁을 넘어 정치적 투쟁의 장으로 번질 조짐을 보이고 있다.

결국, 정치력의 싸움

비상계엄 해제 결의안의 무효 여부는 법적, 헌법적 논란뿐 아니라 정치적 판단에 달려 있다. 법 적용은 헌법을 기준으로 하지만, 세부 사항은 법률과 시행령에 따라 달라질 수 있다. 따라서, 현재의 혼란은 법과 정치의 경계선에서 벌어지는 힘겨루기라 할 수 있다.

윤석열 대통령은 해제 결의안을 수용하든 부정하든, 정치적 위기를 피하기 어려운 상황에 직면했다. 이번 사태는 정치력과 국민적 지지의 싸움으로 귀결될 가능성이 크다.

2024. 12. 04.

04 윤석열 대통령도 이재명 대표처럼 하면 된다

윤석열 대통령은 지난 3일 밤 '비상계엄'을 선포했다가 4일 오전 이를 해제했다. 이에 더불어민주당과 개혁신당 등 야권은 '내란죄', '위헌', '위법', '탄핵', '100% 다시 계엄' 등의 표현을 사용하며 격렬하게 비판하고 있다.

윤 대통령의 급작스러운 비상계엄 선포는 비판받을 여지가 있지만, 왜 이런 결정을 내릴 수밖에 없었는지에 대해서는 냉정히 살펴볼 필요가 있다.

비상계엄의 배경
더불어민주당은 입법 폭주, 탄핵 남발, 상설특검 추진, 특수활동비 예산 전액 삭감 등으로 국가를 위기에 몰아넣었다. 국정 운영은 통치 불능 상태에 **빠**졌다. 이러한 행위를 '다수당의 민주적 권한 행사'라고 옹호할 수 있다면, 대통령이 국가 위기 상황을 주관적으로 판단해 헌법에 따라 비상계엄을 선포한 결정을 내란으로 비판할 수 있을까?

과거 대법원은 "계엄은 고도의 정치성을 띤 대통령의 정치 행위로, 사법부가 판단할 수 없다. 정치권이 해결해야 한다"고 판결한 바 있다. 이는 비상계엄 문제를 법적 판단이 아니라 정치적 영역으로 보아야 함을 시사한다.

역대 대통령의 위기와 교훈

대한민국은 수많은 위기를 겪으며 지금에 이르렀다. 역대 대통령들 모두 임기 중 편안히 잠을 잘 수 없었다.

5공 시절, 대학가에서는 돌과 최루탄이 난무하고 지식인과 종교인들의 시국선언이 연일 이어졌다. 그러나 경제는 발전했고, 전두환 대통령은 임기를 무사히 마칠 수 있었다. 이는 그의 결단력과 구국을 위한 의지 덕분이었다. 윤석열 대통령은 이번 비상계엄 사태를 반면교사 삼아 국정 운영에 더욱 매진해야 한다.

여론조사가 말하는 것

리얼미터가 12월 5일 발표한 여론조사에 따르면, 성인 504명을 대상으로 '윤 대통령 탄핵 찬반'을 묻는 질문에 73.6%가 찬성(매우 찬성 65.8%, 찬성하는 편 7.7%)한다고 답했다. 반면, 반대는 24.0%(매우 반대 15.0%, 반대하는 편 8.9%)에 그쳤다.

또한, '윤 대통령의 비상계엄 선포가 내란죄에 해당하는가?'라는 질문에는 69.5%가 '해당된다'고 응답했고, 24.9%는 '해당되지 않는다'고 답했다. 비록 높은 비판 여론에도 불구하고, 탄핵 반대 여론(24.0%)과 국정 지지율이 비슷한 수준을 유지하고 있다는 점에서 국정 운영의 가능성은 충분하다.

역사적으로도 낮은 지지율 속에서 국정을 이끈 사례는 많다. 이승만 대통령은 25%의 지지율로 대한민국을 건국했다. 박근혜 전 대통령의 탄핵 반대율(10.5%)에 비하면, 윤 대통령의 국정 운영은 여전히 가능하다.

김영삼, 노무현, 이명박 전 대통령 역시 한 자릿수 혹은 10%대의 지지율을 극복하며 임기를 완수했다. 특히 이명박 전 대통령은 정권 재창출까지 이루어냈다. 민주당의 극단적인 정치 공세—내란죄 고발, 상설특검, 국정조사—에도 불구하고, 윤 대통령은 흔들림 없이 헌정 수호의 의지를 보여주어야 한다.

이재명 대표처럼 끈질기게

윤석열 대통령은 대한민국의 지도자이자, 자신을 지지해준 국민의 아버지다. 이재명 대표는 주 4회 재판에 출석하며 당무를 사실상 포기한 채, 윤 대통령을 끌어내리기 위해 모든 힘을 쏟고 있다. 끈질기고 악랄하며 집요하게 말이다.

윤 대통령도 이재명 대표처럼 해야 한다. 단, 목적은 다르다. 윤 대통령은 구국의 일념으로 국가와 헌정을 수호하며, 흔들림 없이 대통령으로서의 길을 걸어야 한다.

2024. 12. 05

05 피가 나오면 해법이 생긴다

민주노총과 진보당 등 극좌세력이 주도하는 윤석열 대통령 탄핵 집회가 어제(4일)에 이어 오늘(5일)도 광화문 동화면세점 앞에서 열렸다. 어제 경찰 추산 2천 명이 모였던 집회는 오늘 더 적은 인원이 모여 탄핵을 외치고 있다. 스피커 소리는 크고 깃발은 휘날리지만, 집회의 열기는 점차 사그라드는 모습이다.

어제 집회는 오후 9시까지 진행되었지만, 오늘은 오후 7시 30분이 지나면서 해산 분위기가 감지되고 있다. 집회 참가자들은 용산으로 행진하겠다고 한다. 지금은 2016년이 아니다

현재 상황은 2016년 박근혜 전 대통령 탄핵 국면과는 다르다.

당시에는 대통령을 지지하던 이들조차 등을 돌렸지만, 지금은 다르다. 윤석열 대통령을 지지했던 일부가 탄핵에 찬성하거나 내란죄가 성립한다고 생각하는 경우도 있지만, 시간이 지나고 대통령이 강단 있는 모습을 보인다면 이들의 마음은 다시 돌아설 가능성이 크다.

윤석열 대통령은 의기소침하지 말고, "할 테면 해 보라"는 자세로 전진해야 한다. 대통령의 사과는 절대 있어서는 안 된다. 사과하는 순간, 스스로 잘못을 인정하는 꼴이 되어 상황은 대통령에게 불리하게 작용할 것이다.

헌법적 권한을 행사한 대통령

실제로 과거 내란 혐의로 기소된 통합진보당의 이석기 전 의원조차도 내란 음모 혐의는 무죄를 받았고, 내란 선동만 유죄로 인정되었다. 윤석열 대통령은 헌법에 보장된 권한을 행사했으며, 내란죄는 정치적 논쟁거리일 수는 있으나 법리적으로는 성립하지 않는다.

따라서 향후 재판에서도 대통령은 비상계엄의 당위성을 당당히 설명해야 한다. 주저하거나 사과하지 말고, 헌법적 권한을 행한 이유를 명확히 밝혀야 한다.

지지층에 집중하라

윤 대통령은 좌파 세력의 휘날리는 깃발을 보며 흔들리지 말고, 대선에서 자신을 지지했던 48.5%의 국민만 바라보며 국정운영에 집중해야 한다. 사람은 어려운 상황에서도 헤쳐 나가는 의지를 가질 때 성장한다. 그 어려움을 이겨내는 과정을 즐기면, 고통은 줄어들고 오히려 희망과 기쁨이 생긴다.

피가 나오면 해법이 생긴다

윤 대통령은 지금 사방에서 가시처럼 날아드는 공격에 맞서 피를 흘릴 각오를 해야 한다. 선인장밭을 헤쳐 나가듯, 가시에 스치며 피를 흘려도 한 걸음 한 걸음 나아가는 그 과정 속에서 새로운 해법과 원군이 생길 것이다.

피를 흘린다는 것은 고통스러운 일이다. 그러나 그 피가 새로운 길을 만들고, 진정한 지지자들과 동료들을 불러 모을 것이다. 윤 대통령은 지금의 고난을 구국의 과정으로 받아들이고, 흔들림 없이 앞으로 나아가야 한다.

2024. 12. 05.

06 비상계엄 선포는 대통령의 정당방위

윤석열 대통령은 취임 당시 국민의힘 114석, 범야권 186석이라는 열악한 의회 환경 속에서 출발했다. 지방정부, 언론계, 사법부 모두 진보좌파 세력의 압도적 우위 아래 있었다. 내부적으로는 이준석 전 대표가 윤 대통령과 측근들을 끊임없이 공격하며 정권을 흔들었다.

이준석 전 대표의 행동은 진보좌파가 틈새를 파고들 기회를 제공했고, 그 결과 윤석열 정부는 더욱 어려운 상황에 직면했다. 이준석 사태가 해결되자마자 이태원 참사가 발생했고, 진보좌파는 이를 윤석열 정권의 책임으로 돌리며 왜곡 선동을 펼쳤다.

압박과 왜곡 속의 윤석열 정권

문재인 전 대통령과 이재명 대표의 부정부패를 수사할 한동훈·이원석 검찰은 기대와 달리 문재인 전 대통령 소환조사도, 이재명 대표의 핸드폰 압수수색조차 하지 않았다. 이재명 대표 측근들의 비자금 의혹도 수사는 진척되지 않았다. 이런 검찰의 무능 혹은 의도는 진보좌파에 날개를 달아주었다.

윤 대통령의 뉴욕 발언은 MBC에 의해 왜곡 보도되었고, 선동의 도구로 활용되었다. 22대 총선에서는 윤 대통령의 요청으로 한동훈 검사를 비대위원장에 앉혔지만, 한동훈 전 비대위원장은 윤 대통령과 보수우파를 배신하며 칼을 휘둘렀다. 이로 인해 국민의힘은 총선에서 대패했고, 비상계엄 사태의 원인이 되었다.

대통령제의 책임과 업적

대통령제 아래에서는 영광과 책임이 모두 대통령의 몫이다. 윤 대통령이 처한 현재의 상황도 그 책임에서 자유로울 수 없다. 당대표 교체, 김건희 여사 논란, 한동훈 비대위원장 임명, 정치 브로커 문제 등 통제하지 못한 여러 요소들이 지금의 사태를 불러왔다.

그럼에도 불구하고, 윤석열 대통령은 여러 성과를 냈다. 역대 정권에서 빈번했던 권력형 비리, 친인척 비리, 기업 보복 사례가 이번 정권에서는 없었다. 수출은 호조를 보였고, 탈원전 정책을 철회해 원전 생태계를 복원했다. 한미동맹은 더욱 굳건해졌고, 악화된 한일 관계도 회복시켰다.

비상계엄 선포의 정당성

진보좌파와 언론은 윤석열 대통령을 제왕적 대통령이라 비판했지만, 실질적으로 압도적인 의회 우위를 점한 진보좌파 세력에 대응할 수단은 제한적이었다. 대통령이 할 수 있는 것은 거부권 행사뿐이었다.

행안부 장관 탄핵, 방통위원장 탄핵 시도, 감사원장과 검사들 탄핵 추진, 군과 검찰·경찰의 특수활동비 전액 삭감 등은 국가 체제를 약화시키고 적을 이롭게 하는 내란 행위로 볼 수 있다. 이런 상황에서 대통령이 선택할 수 있는 유일한 대응책은 비상계엄 선포였다.

미국 사례와 비교

미국은 대통령의 주관적 판단에 따른 군 동원을 법적, 관행적으로 용인한다. 트럼프 전 대통령은 불법 이민자를 국가 위기의 원인으로 지목하며 대통령 당선 후 국가 비상사태를 선포하고 군을 동원해 대규모 추방을 실행하겠다고 공언한 바 있다. 이에 대해 미국 국민은 비판하지 않았다.

법적 면에서, 미국 연방대법원은 "대통령이 직무 수행 중 행한 행위는 절대적 면책을 받는다"고 판결한 바 있다. 이는 윤 대통령의 비상계엄 선포가 헌법에 따른 정당한 권한 행사였음을 뒷받침한다.

현 상황은 급변사태의 산물

북한의 남침 위협으로 비상계엄을 선포한 상황에서도, 진보좌파가 장악한 국회가 비상계엄 해제 결의안을 수용한다면 그것도 내란이라는 말인가? 지금의 상황은 야단치는 시어머니(진보좌파 세력)와 말리는 시누이(한동훈 전 비대위원장), 그리고 똥 묻은 개(11개 혐의로 재판받는 이재명 대표)가 합작해 만들어 낸 급변사태라 할 수 있다.

윤석열 대통령은 비상계엄 선포와 해제 결의안을 모두 헌법에 따라 진행했다. 이제는 흔들림 없이 국정운영에 집중하며 대한민국을 이끌어야 한다.

2024. 12. 09.

07 난파선의 쥐떼와 대한미국의 수사기관

수사기관들의 윤석열 대통령 체포 경쟁

'12·3 비상계엄 사태'와 관련하여 윤석열 대통령을 내란죄로 수사하겠다는 검찰 특별수사본부, 경찰 국가수사본부 특별수사단, 그리고 공수처 세 기관이 대통령 체포와 구속을 놓고 쟁탈전을 벌이고 있다.

9일, 공수처는 윤 대통령의 출국금지를 요청했고 법무부는 이를 받아들였다. 경찰 역시 윤 대통령을 피의자로 입건했으며, 검찰도 이미 내란과 직권남용 혐의로 대통령을 피의자 신분으로 입건하고 수사에 착수했다.

박근혜 전 대통령의 국정농단 의혹 당시에는 현직 대통령의 신분을 고려해 출국금지 조치를 취하지 않았던 것과는 대조적이다.

특수부대의 선처 호소와 무책임한 노출

더욱 한심한 것은 대한민국 최고의 특수부대인 제707특수임무단의 단장이 기자회견에서 부대원들의 선처를 호소하며 "부대원들은 김용현 전 국방부 장관에게 이용당한 가장 안타까운 피해자"라고 발언한 점이다.

이 발언은 부하들을 위하는 행동으로 보일 수 있으나, 기자회견 중 자신의 얼굴을 노출시켰다는 점에서 비판을 피하기 어렵다. 대테러전과 기밀 작전을 수행하는 부대의 책임자가 자신의 신원을 드러낸 것은 그 자체로 부적절하다.

곽종근 특전사령관 역시 민주당 김병주, 박선원 의원이 국군방첩사령부를 항의 방문하자 이들과 면담에 응했다. 그는 이어 TV 인터뷰를 통해 "윤석열 대통령으로부터 계엄 중 708특임단 투입에 관한 전화를 받았다"며 계엄과 관련된 상세한 과정을 고발하기도 했다.

난파선의 쥐떼들처럼

이 모든 행동들은 마치 난파선에서 자신만 살겠다고 뛰쳐나가는 쥐들과 같다. 자신의 생존을 위해 현직 대통령을 무참히 밟고 나가려는 행태는 충격적이다.

윤석열 대통령은 여전히 현직 대통령으로서 대한민국의 국가원수이며, 행정부의 수반이자 국군 통수권을 가진 최고사령관이다. 그럼에도 불구하고 이런 무책임한 행동들이 이어지는 현실은 참담함을 금할 수 없다.

대한민국을 무너뜨리는 쥐들

대한민국이 망하는 것은 눈에 보이는 종북 세력 때문만이 아니다. 보이지 않는 곳에서 이들과 내통하며, 국가라는 거대한 뚝에 구멍을 내는 이른바 '쥐떼'들 때문이다.

우리는 공권력 기관들의 최고 우두머리들을 포함한 그 누구도 쉽게 믿어서는 안 된다. 이들의 행동이 자유민주주의 체제를 지키기보다 스스로의 생존을 우선시한다면, 대한민국은 더욱 깊은 위기에 빠질 수밖에 없다.

자유민주주의를 위한 국민의 역할

우리는 자유민주주의 국가 건설을 위해 과거 이승만 대통령을 지지했던 25%의 국민이 되어야 한다. 비록 소수였지만, 그들의 신념과 의지가 오늘의 대한민국을 만든 원동력이었다.

지금도 10%대의 종북 세력과 그들의 광란에 맞서 싸워야 한다. 비록 적은 수의 국민일지라도, 자유민주주의를 수호하려는 강한 신념만 있다면 우리는 반드시 승리할 것이다.

2024. 12. 09.

08 내란죄의 구성요건

　　윤석열 대통령은 취임 이후 의사 증원 등 정책 집행 과정에서 비판받을 일이 있었다. 또한, 김건희 여사와 관련된 의혹으로 논란이 되었지만, 이를 야권과 진보좌파 세력이 정권 붕괴의 수단으로 악용하지 않았는지 생각해 볼 필요가 있다.

　　지금 야당과 진보좌파 세력은 윤 대통령의 탄핵을 위해 내란죄와 직권남용을 이유로 국회에 소추안을 제출했다. 내란죄가 아니면 탄핵의 명분을 세우기 어렵기 때문이다.

내란죄 성립 조건과 윤석열 대통령
언론과 방송은 윤석열 대통령의 내란죄 적용을 주장하며 비상계엄 전후 상황을 과장하고 있다. 심지어 특수전 사령관 등 일부 인사가 자신을 보호하기 위해 과장된 발언을 내놓는 경우도 포함되어 있다.

법 전문가들에 따르면, 내란죄가 성립하려면 다음 세 가지 요건이 충족되어야 한다.

국헌 문란 또는 국토 참절의 목적
국토 참절(국가 영토의 침탈)의 목적은 없었다는 점에서 명백하다. 국헌 문란(헌법 체제를 무너뜨릴 의도)은 논란의 여지가 있으나, 비상계엄은 헌법에 명시된 대통령의 권한이다.

폭행 또는 협박의 실행
헌법기관인 국회의원들을 구금하거나 감금하는 행위는 없었다. 오히려 의원들이 담을 넘어 본회의장에 들어가는 상황을 방치했다.

실질적인 결과
윤 대통령은 헌법 절차에 따라 국회의 비상계엄 해제 결의안을 수용하고 이를 공포했다. 결과적으로 내란죄의 요건인 '실질적 결과'는 발생하지 않았다.

유사 사례_이석기 전 의원 사건

통합진보당 이석기 전 의원은 2013년 내란음모와 내란선동 혐의로 기소되었으나, 법원은 내란음모 혐의에 대해 무죄를 판결했다. 이석기 사건에서도 각종 증거가 존재했음에도 불구하고 내란죄는 성립하지 않았다.

내란죄 적용의 한계

만약 윤석열 대통령이 내란죄로 법정에 서게 된다면, 법원은 먼저 비상계엄 선포의 헌법적 정당성을 판단해야 한다.

윤 대통령은 헌법에 따라 비상계엄을 선포했고, 국회의 비상계엄 해제 결의안을 수용했다. 그 과정에서 발생한 대통령의 언행은 계엄 상황에서 계엄법에 따른 합법적 행위로 간주된다.

계엄 해제 결의안을 거부했다면 내란죄가 논의될 여지가 있을 수 있다. 하지만 윤 대통령은 이를 수용했고, 따라서 내란죄의 실질적 결과는 발생하지 않았다. 실질적인 결과가 없는 내란이란 존재할 수 없다.

대통령의 특수한 지위와 결론

대통령은 국가원수이자 행정부의 수반으로, 그 지위와 특수성은 법적 판단에서 중요한 고려 사항이다. 재임 중 대통령이 가지는 불소추특권 역시 내란죄 적용을 어렵게 만든다.

결론적으로, 윤석열 대통령의 비상계엄 선포는 헌법적 권한에 따른 행위로, 내란죄가 성립할 가능성은 낮다. 이번 사태를 정치적 논쟁으로 몰아가는 행태는 신중히 재고되어야 한다.

2024. 12. 10.

09 2004년 노무현과 2024년 윤석열

윤석열 대통령은 12일, 약 30분 분량의 대국민 담화를 통해 "국민들에게 망국의 위기 상황을 알려드리고 헌정 질서와 국헌을 지키고 회복하기 위한 것"이라며 "탄핵이든 수사든 당당히 맞서겠다"고 밝혔다.

이 담화는 2004년 노무현 전 대통령이 탄핵 정국에서 사과를 거부하고 당당히 탄핵의 길로 나섰던 모습을 떠올리게 한다.

2004년 노무현 탄핵 정국

노무현 전 대통령은 2004년 2월 18일, 언론과의 기자회견에서

"개헌저지선까지 무너지면 그 뒤에 어떤 일이 생길지는 나도 정말 말씀드릴 수가 없다"고 말하며 선거 중립 의무 위반 논란에 휩싸였다.

이후 2월 24일에는 "국민들이 총선에서 열린우리당을 압도적으로 지지해줄 것을 기대한다"며, "대통령이 뭘 잘해서 열린우리당이 표를 얻을 수 있다면 합법적인 모든 것을 다 하고 싶다"고 발언해 논란이 더 커졌다.

3월 3일, 중앙선거관리위원회는 노 대통령의 발언이 선거법 위반은 아니라고 판단했지만 중립을 지켜달라고 권고했다. 그러나 노 대통령은 이를 즉각 거부하며 "한나라당이 한 번도 나를 국민의 대통령으로 인정한 적이 없다"고 반박했다.

3월 5일, 새천년민주당은 대통령의 선거법 위반과 측근 비리에 대한 사과와 재발 방지를 요구하며 이를 수용하지 않을 경우 탄핵안을 발의하겠다고 선언했다. 이후 한나라당과 자유민주연합의 협력을 얻어 3월 9일, 탄핵소추안이 발의되었고, 3월 12일 국회에서 가결되었다.

탄핵소추안은 195명이 참여한 투표에서 찬성 193표, 반대 2표로 통과되었으나, 5월 14일 헌법재판소는 이를 기각했다.

탄핵 정국의 여론과 정치적 변화

노무현 대통령의 정치적 중립 위반 발언은 당시 여론에서 크게 호의적이지 않았다. 2003년 12월 한국갤럽 여론조사에서 그의 직무수행 긍정 평가는 31%, 부정 평가는 60%에 달했으며, 광주/전라 지역에서는 긍정 평가가 10%에 불과했다.

그러나 탄핵이 가시화되자 여론은 급변했다. 3월 9일 조선일보(한국갤럽)의 조사에서는 탄핵 반대가 65.2%, 찬성은 30.9%로 나타났고, 탄핵 자체에 대한 부정적 여론이 높아졌다.

2004년 노무현 전 대통령의 발언은 위법 논란을 일으켰고, 선관위의 경고를 받을 정도였다. 그러나 윤석열 대통령의 비상계엄 선포와 국회의 비상계엄 해제 결의안 수용은 헌법적 절차에 따른 정당한 권능 행사였다.

2004년에는 위법이 영웅시되었던 반면, 2024년에는 합법이 내란죄로 매도되는 기이한 상황이 벌어지고 있다.

정당의 응전과 도전

2004년 당시, 열린우리당은 47석에 불과한 소수정당이었지만, 탄핵의 부당성을 국민들에게 호소하며 지지자들을 결집시켰다. 당의장 정동영은 탄핵의 부당함을 앞장서서 주장하며 당을 하나로 단합시켰다.

그러나 2024년, 국민의힘은 108석으로 역시 소수정당임에도 내부 분열과 반목이 두드러진다. 특히 한동훈 대표는 민주당보다 먼저 대통령의 비상계엄을 부정하며 직무 정지를 주장하고 탄핵을 외치고 있다.

2004년 노무현 전 대통령은 위법 논란에도 당당히 탄핵에 맞섰다. 윤석열 대통령은 헌법적 정당성을 가진 비상계엄 선포에 대해 더욱 당당히 맞설 이유가 있다.

윤 대통령은 이번 담화에서 밝힌 대로, 탄핵이든 수사든 굴하지 않고 당당히 맞서야 한다. 국민을 설득하고 헌정 질서를 지키겠다는 의지를 보여주는 것이 대통령으로서의 정도(正道)다.

2024. 12. 12.

10 우리는 하나가 되어야 한다

14일, 윤석열 대통령이 국회에서 탄핵소추되었다. 그 과정에서 한동훈 전 대표는 앞장서서 윤 대통령의 직무 배제를 외치고, "불확실성을 제거하기 위해 대통령이 스스로 물러나야 한다"는 주장을 펼쳤다. 하지만 결국 그는 자신이 쫓겨나는 신세가 되었다.

이는 집안에 사람 하나를 잘못 들이면 얼마나 큰 혼란과 파국이 올 수 있는지를 보여주는 사례다. 이제, 진보좌파의 세작으로 비판받아온 한동훈 전 대표가 물러났으니, 우리는 하나로 뭉쳐야 한다.

냉철함과 단합이 필요한 시점

지금 필요한 것은 냉철함이다. 헌법재판소에서 탄핵소추 기각을 이끌어내기 위해 투쟁해야 하며, 동시에 만약의 경우를 대비해 차기 대선을 준비해야 한다. 이는 험난한 여정(旅程)이 될 것이다.

2017년 박근혜 전 대통령 탄핵 당시를 떠올려 보자. 당시 헌법 재판소에는 박 전 대통령이 임명한 재판관 3명이 있었고, 이를 근거로 보수 진영은 탄핵 기각을 확신했다. 그러나 그 안일함은 보수층과 영남권의 분열을 막지 못했고, 결국 대선에서 패배로 이어졌다.

정치는 지역의 기반 위에 있다

정치는 지역 기반이 중요하다. 보수 정당은 전통적으로 영남권을 기반으로 해왔다. 하지만 현재 국민의힘은 대통령과 당 대표 모두 비영남 출신이다. 1987년 민주화 이후 보수가 집권 여당이 된 후 이런 사례는 전례가 없다.

차기 비대위원장은 호불호가 있더라도 영남권 출신이거나 영남권의 강한 지지를 받는 인물이 되어야 한다. 이 조건을 갖춘 인물만이 분열을 막고 보수 진영을 하나로 묶는 촉매제 역할을 할 수 있다.

2017년과는 다른 상황

지난 2017년 대선에서는 홍준표(경남), 안철수(부산), 유승민(대구),

문재인(부산) 등 네 명의 주요 후보가 모두 영남 출신이었다. 이로 인해 국민의힘 텃밭인 영남권이 분열되었다. 그러나 지금은 상황이 다르다. 대선 경선을 공정하고 감동적으로 치르면 보수 진영이 하나로 뭉칠 가능성이 크다.

설령 이준석 의원과 한동훈 전 대표가 대선에 따로 출마한다고 해도, 2017년과 같은 보수표 분열은 일어나지 않을 것이다. 두려워할 필요는 없다.

내부 분열을 자제해야 한다

지금부터는 한동훈 전 대표를 몰아내는 일 외에 찬성파니 반대파니 하며 내부분열을 가속화시키는 행동은 자제해야 한다. 국민의힘 지지자들 또한 정치적 견해에 따라 호불호가 있을 수는 있지만, 극단적인 언행은 피해야 한다. 지금은 단합이 필요한 시점이다.

윤석열 대통령은 헌법재판소에서 당당히 싸워야 하고, 우리는 그를 응원하며 만약의 경우를 대비해 하나가 되어야 한다.

우리의 위기는 오히려 기회가 될 수 있고, 야권의 기회는 그들의 위기로 전환될 수 있다. 단결과 냉철한 준비만이 이 위기를 극복할 열쇠다.

2024. 12. 15.

11 비대위원장 선임의 중요성

국민의힘이 비상대책위원장 선임을 두고 여러 논의를 거치며 중지를 모아가고 있다. 한동훈 당 대표 사퇴 이후 여러 인물이 후보로 거론되었으나, 난국을 수습할 적임자는 아직 부각되지 못한 상황이다.

비대위원장 선임은 특정 인물에 초점을 맞추기보다, 먼저 원칙을 정립하는 것이 순리다. 국민의힘을 지지하는 사람들의 의견을 종합해 기준을 정하고, 조중동이나 진보좌파 성향의 외부 압력에 휘둘리지 않는 결정을 내려야 한다.

비대위원장의 기준

A 윤 대통령의 비상계엄에 대한 긍정적 시각

윤 대통령의 비상계엄 조치는 "오죽했으면 그랬겠는가"라는 시각에서 이해해야 한다. 국회의 탄핵소추를 잘못된 것으로 보고, 윤 대통령의 비상계엄을 부정하지 않는 인물이 필요하다. 탄핵 찬성 세력에서 비대위원장이 나오면 극심한 당내 갈등이 발생할 수 있다. 이는 국민의힘을 또 다른 한동훈 시즌2로 몰고 갈 가능성이 크다.

B 통합의 리더십

한동훈 전 대표나 이준석 전 대표를 맹목적으로 추종하지 않는 인물이어야 한다. 찬탄(찬성파), 반탄(반대파), 친윤, 비윤 구분 없이 당을 하나로 묶을 수 있는 통합의 리더십이 중요하다.

C 용기 있는 지도자

조중동과 진보좌파 성향 매체, 그리고 야권으로부터 쏟아질 "탄핵 정당", "내란 정당" 등의 공격에 당당히 맞설 용기가 있는 인물이 필요하다.

D 영남권의 기반

국민의힘은 전통적으로 영남권에 기반을 두고 있다. 따라서 비대위원장은 영남권 출신이거나 영남권의 강력한 지지를 받는 인물이 되어야 한다. 이는 당의 통합과 안정에 기여할 수 있다.

E 경험과 정치력

경험이 부족하거나 나이가 어린 인물이 비대위원장이 된다면, "이준석 시즌2", "한동훈 시즌2"가 될 위험이 크다.

비대위원장은 정치 경험과 정치력을 갖춘 중진급 인사가 맡아야 한다. 당내뿐 아니라 당 외부 인사 중에서도 적합한 인물을 고려할수 있다.

F 대통령과의 소통 능력

윤 대통령과 물밑 대화를 나누고, 김건희 여사 관련 문제 등 민감한 사안에 대해 과감히 조언하고 건의할 수 있는 강단 있는 인물이 필요하다.

현재 상황의 이해와 대응

국민의힘은 "친윤" 또는 "탄핵 반대 정당"이라는 비판을 받을가능성이 크다. 그러나 이런 비판은 이재명 전 대선 후보를 지지했던 소수의 시각일 뿐이다. 과거 이재명을 지지했던 사람들도 지금은 절대적 지지자가 아니다.

헌법재판소의 탄핵소추 심리와 윤 대통령을 향한 수사기관들의 움직임은 여론에 따라 결정될 가능성이 크다. 최근 여론조사

결과에서도 현 정치 상황과 무관하게 사안을 심의해야 한다는 의견이 다수를 차지하고 있다.

집토끼를 되찾고, 새로운 지지층을 결집하자

국민의힘은 윤 대통령을 지지했던 48.5%의 국민 중 약 3~4%를 제외한 45% 내외를 핵심 지지층으로 생각해야 한다.

현재 국민의힘을 떠난 집토끼들이 새로운 지도부를 기대하고 있다. 만약 새 지도부가 진보좌파 세력과 강하게 대적한다면, 이들은 국민의힘을 위기 극복의 대안으로 인정할 것이다. 비대위원장 선임은 단순한 지도부 구성이 아니라 당의 미래를 결정하는 중요한 선택이다. 이 선택은 당의 단합과 위기 극복을 위한 첫걸음이 될 것이다.

2024. 12. 20.

12 여론조사를 잘못 해석하면 미신이 된다

12월 21일, 동아일보는 한국갤럽이 발표한 정당 지지도 조사 결과를 인용해 "민주 48%-국힘 24%, 지지율 '더블 스코어'…尹 정부서 최대 격차"라는 제목으로 기사를 인터넷판 메인에 게재했다.

기사에서는 민주당 지지율 상승이 윤석열 대통령 탄핵에 찬성하는 응답자들이 민주당으로 쏠린 결과라며 두 당 간의 지지율 격차를 강조했다. 그러나 이는 여론조사를 왜곡하여 보도한 전형적인 사례다.

동아일보는 국민의힘이 지난주와 동일한 정당 지지도를 기록했다는 사실보다, 두 정당 간의 격차만을 부각해 보도했다.

민주당 지지율 상승의 실체

민주당의 지지율 상승은 국민의힘 지지층이나 무당층에서 이동한 것이 아니다. 조국혁신당과 개혁신당에서 이탈한 지지층이 민주당으로 이동한 것이다.

조국혁신당: 지난주 8% → 이번 주 4% (-4%)

개혁신당: 지난주 4% → 이번 주 2% (-2%)

진보당: 지난주 1% → 이번 주 0% (-1%)

이 데이터를 통해, 민주당 지지율 상승의 대부분은 진보 성향 군소 정당의 지지층이 이동한 결과임을 알 수 있다. 무당층에서 1%가 민주당으로 이동한 것까지 합하면 총 8%가 민주당으로 흡수된 것으로 추정된다.

따라서 동아일보의 "탄핵으로 인해 민주당 지지율이 상승했다"는 해석은 사실과 다르다.

국민의힘 지지율 변화와 맥락

동아일보는 윤석열 대통령 탄핵소추안 가결 이후 민주당과 국민의힘 간 지지율 격차가 역대 최대를 기록했다고 보도했다. 그러나 실제 데이터를 보면, 국민의힘의 정당 지지율은 큰 변화가 없다.

탄핵 직후(12월 6일): **국민의힘 27%**

탄핵소추 부결 직후(12월 13일): **국민의힘 24%**

한동훈 대표 사퇴 이후(12월 21일): **국민의힘 24%**

2주 동안 국민의힘 지지율은 단 3% 하락했을 뿐이며, 이는 언론과 방송의 광풍 같은 보도에도 불구하고 대단히 선방한 결과라 할 수 있다. 특히, 한동훈 전 대표의 사퇴 전후로 국민의힘 정당 지지율이 동일하게 유지된 점은, "한동훈 사퇴로 지지율이 하락했다"는 동아일보의 해석이 왜곡임을 보여준다.

동아일보는 특정 영남권 의원의 발언을 인용해 "국민의힘이 민심과 괴리된 '갈라파고스당', '도로 친윤 검사당'으로 고립되고 있다"고 보도했다.

그러나 이 발언이 탄핵 찬성파인지, 반대파인지 밝히지 않은 채, 마치 모든 영남권 의원들이 현 국민의힘 지도부를 부정적으로 평가하는 것처럼 보도한 것은 심각한 왜곡이다.

미신이 되는 여론조사 해석

성경과 불경조차 잘못 해석하면 미신이 되고 사이비 종교의 도구가 된다. 현재 한국의 언론과 방송은 이러한 사이비적 행태를 보여주고 있다.

여론조사는 정확히 이해하고 해석해야 한다. 과장과 왜곡을 통해 국민의 판단을 흐리는 보도는 진실을 전하는 언론의 역할을 저버린 것이다. 우리는 여론조사 결과를 올바르게 분석하고, 언론의 왜곡된 보도에 휘둘리지 않도록 경계해야 한다.

2024. 12. 20.

13 불씨가 살아났다

국민의힘 정당 지지도가 30%에 근접하며, 완전히 비상계엄 선포 이전 수준으로 회복됐다. 조중동을 비롯한 중도 및 진보좌파 매체들이 윤석열 대통령의 비상계엄 선포를 일방적이고 편파적이며 왜곡된 시각으로 보도했음에도 불구하고 보수층의 결집이 이루어지고 있는 모습이다. 이는 미국의 트럼프 전 대통령이 좌파 매체들의 공세에도 불구하고 당선된 상황을 연상케 한다.

정당 지지도 회복

리얼미터가 에너지경제신문 의뢰로 12월 19일부터 20일까지 전국 18세 이상 유권자 1001명을 대상으로 실시한 정당 지지도 조사에 따르면, 국민의힘은 29.7%, 민주당은 50.3%를 기록했다. 이는 직전 조사 대비 국민의힘이 4.0%p 상승한 반면, 민주당은 2.1%p 하락한 결과다.

또한, 미디어리서치가 뉴스핌 의뢰로 12월 18일부터 19일까지 진행한 조사에서도 국민의힘 29.6%, 민주당 47.5%로 나타났다. 이는 9일 발표된 조사에서 국민의힘 23.1%, 민주당 50.0%였던 것에 비해 큰 폭의 상승을 보여준다.

한동훈 사퇴와 영향

조사 시점이 한동훈 당 대표 사퇴 이후인 점을 감안하면, 그의 사퇴가 국민의힘 지지도에 큰 영향을 미치지 않았다는 점이 분명해진다.

유승민 전 의원은 21일 CBS 라디오 '이철희의 주말 뉴스쇼'에 출연해, "지금 당의 모습은 완전히 망하는 코스로 가고 있다"는 발언과 함께, "윤석열 대통령이 '나는 잘못 없다. 내란이 아니다'라는 주장에 다수가 동조하며 사과도 하지 않는 모습을 보이고 있다"고 비판했다.

그러나 유승민 전 의원의 주장과 달리, 국민의힘은 망하는 것이 아니라 회복의 길로 가고 있다. 윤 대통령이 비상계엄의 당위성을 일관되게 주장하는 가운데 보수우파가 결집하며 국민의힘을 중심으로 단합하고 있다.

합법적 계엄과 좌파의 이중적 태도

윤석열 대통령의 비상계엄 선포와 국회의 비상계엄 해제 결의안 수용은 모두 헌법 절차에 따라 진행된 것이다. 계엄령 포고 기간 동안 이루어진 대통령의 군 통수권 행사 역시 계엄법에 따른 합법적 조치였다. 그러나 더불어민주당과 진보좌파 세력은 이를 내란으로 몰아가며 단죄하고 있다.

반면, 그들은 국회 활동을 체제 전복의 수단으로 활용하며, 북한의 적화 야욕에 비단길을 깔아주는 행동을 이어가고 있다.

대한민국을 지켜야 한다

윤석열 대통령을 지키는 것은 대한민국의 존속을 위해 필수적이다. 그는 합법적인 비상계엄 조치를 통해 체제 전복을 막고 국가의 안정을 도모했다. 경제적 어려움이 있다고 해서 대통령을 몰아내는 것은 위험한 선례를 남길 수 있다. 일시적 고통을 감내하더라도, 자유민주주의 대한민국의 존속과 안정을 위해 단결해야 한다.

2024. 12. 23.

14 내란⁽內亂⁾이 아니라 내전⁽內戰⁾

더불어민주당 이재명 대표는 12월 27일, 국회 몫 헌법재판관 임명을 보류한 한덕수 대통령 권한대행 겸 국무총리를 겨냥해 "내란대행"이라며, "민주당은 국민의 명령에 따라 오늘 한 총리를 탄핵한다"고 밝혔다.

이 대표는 국회 본회의에서 진행되는 한 권한대행 탄핵소추안 표결을 앞두고, '내란 사태 관련 대국민 성명'을 발표하며, "12·3 내란은 아직 끝나지 않았다"고 주장했다.

그는 한 권한대행을 "권한대행이 내란대행으로 변신했다"고 비난하며, 국민의힘을 향해서는 "내란 수괴를 배출한 국민의힘은 헌정수호 책임을 저버린 채 내란 수괴의 친위대를 자임하고 나섰다"고 비판했다.

이 대표는 또, "내란 수괴 윤석열과 내란 잔당이 대한민국의 가장 큰 위협"이라며, 내란 세력의 발본색원을 통한 국가 정상화를 강조했다. 이어 "내란 진압만이 지금 대한민국의 지상과제"라며, 국민의힘과 윤 대통령에 대한 강력한 공세를 이어갔다.

내란이 아니라 내전이다

이재명 대표는 윤석열 대통령과 국민의힘을 내란 세력으로 규정하며 전면전을 선포했다. 하지만 지금 벌어지는 상황은 내란(內亂)이 아니라 사실상 내전(內戰)이다.

민주당은 윤 대통령과 국민의힘을 체제 전복 세력으로 몰아가며 탄핵, 사법부 장악, 특검법 남발 등 모든 수단을 동원해 총공세를 펼치고 있다. 이들은 검찰과 법원을 장악하려는 의도를 드러내며, 법원조직법 개정을 통해 대법관 수를 늘리고, 대법원을 자신들만의 정치적 공간으로 만들려 하고 있다.

보수우파의 실기(失機)

윤석열 대통령은 민주당과의 투쟁보다 내부 분열과 싸우는 데 시간을 낭비했다. 이준석 전 대표와 유승민 전 의원의 끊임없는 내부 갈등 조장은 윤 대통령이 종북 세력 척결에 실기하도록 만들었다.

민주당은 이미 언론과 방송을 장악했으며, 유튜브 등을 통한 가짜뉴스로 여론전을 펼치고 있다. 이런 상황에서 보수 진영은 분열이 아니라 단결로 맞서야 한다.

전쟁은 이미 시작되었다

민주당은 국회의 동행명령권, 국회증언감정법 활용, 국무위원 불출석 시 해임 건의안과 탄핵소추 등 모든 수단을 동원해 정부와 전쟁을 벌이고 있다. 이들은 국회 의장 협조를 받아 대정부질문을 강행하고, 정부의 업무보고 거부 시 청문회를 통해 압박할 계획이다. 이 모든 행위는 민주당의 대한민국 적화를 위한 체계적인 전략의 일부다.

역사의 교훈에서 배우자

보수우파와 국민의힘은 이제 힘을 합쳐야 한다. 역사의 교훈을 되새기며 결의를 다져야 한다.

모택동은 3,000명으로 험난한 대장정을 시작했다.
이순신 장군은 배 12척으로 나라를 지켰다.

보수 진영은 수적 열세를 극복하고 대한민국의 자유민주주의를 지키기 위해 단결해야 한다. 전쟁은 이미 시작되었다. 이제는 분열이 아니라, 단합과 희생, 그리고 강력한 행동이 필요하다. 윤석열 대통령을 중심으로 보수우파가 힘을 모아야 대한민국의 미래를 지킬 수 있다.

2024. 12. 27.

Chapter 2

한동훈은 보수우파의 흉기였다

01 한동훈은 국민의힘의 흉기였다

12월 16일 한동훈 대표가 국민의힘 당 대표직을 사임했다. 측근이었던 장동혁 의원과 진종오 의원이 최고위원직을 사퇴하자 어쩔수 없이 물러나게 된 것이다.

그는 "헌법과 민주주의를 지켰다. 저는 그것이 진짜 보수의 정신이며, 제가 사랑하는 국민의힘의 정신이라고 생각한다"며 사임하면서까지도 선거운동하는 식으로 열변을 토해냈다.

보수우파가 한동훈 대표를 비토한 것은 궁극적으로 오늘의 사태를 만든 책임에서 벗어날 수 없다고 생각했기 때문이다. 정체성이 불분명한 핑크좌파와 함께 보수우파를 불태워 버리려 했던 것이다.

한동훈 전 대표는 비대위원장에 임명되면서부터 당정협조를 통한 총선승리보다는 대권놀음에 더 치중했다. 야권에서 탄핵이야기가 나오면 강하게 반발하기보다는 보조를 맞추는 태도를 보였다.

한동훈 전 대표는 12월 3일 윤석열 대통령이 비상계엄 선포를 하자 대통령의 의도도 확인하지 않고 "대통령의 비상계엄 선포는 잘못된 것"이라며 "국민과 함께 막겠다"고 밝혔다.

그러면서 "국민들은 안심해달라"며 "반드시 저희가 위법·위헌적 비상계엄을 막아낼 것"이라고 덧붙였다.

한 전 대표는 12월 6일 오전 긴급 기자회견을 열고 "대통령이 조기 퇴진에 응할 생각이 없다는 것을 확인했다"며 "탄핵보다 나은 길을 찾으려 노력했으나 역부족이었다"며 윤석열 대통령의 조기퇴진을 생각했다.

윤석열 대통령이 조기퇴진해 국민의힘은 내란동조정당이라고 낙인찍혀 조기대선에서 패배할 확률이 높은데 오로지 자신의 대권만 생각했다.

한동훈 전 대표는 12월 8일 "탄핵은 불확실성 있어질서있는 퇴진이 더 나은 방안이다."라고 밝혔다. 이는 헌재에서 탄핵소추 심리가 기각되면 자신이 대통령이 되지 못할까하는 걱정에 비롯된 것으로 당과 대통령보다는 철저히 자신만을 생각하는 몰염치한 행동이다.

한동훈 전 대표는 더불어민주당이 12월 14일 윤석열 대통령 탄핵소추 결의안을 재차 상정하자 12일 대통령 탄핵 찬성 입장을 밝혔다.

한 전 대표는 12월 12일 "대통령은 군 통수권 등 국정운영에서 즉각 배제돼야 한다", "즉각적 직무정지가 필요하다"며 "이제 유효한 방식은 하나뿐이다. 다음 표결 때 우리당 의원들이 회의장에 출석해 소신과 양심에 따라 표결에 참여해야 한다"고 했다.

12월 16일 한 전 대표는 당 대표직을 사임하면서 자신이 부족한 탓이라면서도 "대통령의 불법계엄을 앞장서서 막아낸 건 진정한 보수의 정신이고, 계엄을 막아내고 탄핵에 찬성했던 걸 후회하지 않는다"고 말했다.

필자는 한동훈 전 대표가 비대위원장에 임명됐을 때 비판적이었다, 그러나 총선을 앞두고 분열하면 안된다는 생각에 입 다물고 있다.

필자가 한동훈 전 대표를 본격적으로 비판한 것은 제22대 총선기간인 3월 20일 5·18를 헌법전문에 수록하는 것을 적극 찬성한다고 했을 때부터다.

제22대 총선에서 국민의힘이 대패하자 물러난 후 전당대회를 앞둔 지난 6월13일 주변사람들에게 "윤 대통령과 아름답고 멋지게 차별화하겠다"고 한 이야기가 보도된 후 한동훈은 절대 안되겠다 싶어 다시 비판에 나섰다.

제22대 총선참패에 대한 반성보다는 대권망상에 빠진 어린왕자 노릇하다 윤석열 대통령과 국민의힘의 흉기 짓을 했다. 필자가 사람 잘못 들어오면 집안이 망한다고 했는데 결국 그렇게 됐다.

2024. 12. 16.

02 본색을 잘못 드러낸 최후

흔히 보수에서 한동훈을 비판하는 자들은 비대위원장에 임명된 이후 김건희 여사 관련 갈등부터 비판하기 시작한다.

나는 항상 사람은 신이 아니라서 무언가 약점이 있을 것이란 믿음을 갖는다. 완벽한 사람은 없으며, 완벽해 보이려 치중하는 사람들을 보면 불안하다. 윤석열 정부 때 법무부 장관으로 임명된 한동훈을 보며 보수우파 시민들은 한동훈의 말과 안경 착용을 통한 지적인 면모, 현란한 말솜씨 등을 언급하며 차기 대권주자로 언급했었다. 그게 불과 1년도 되지 않았다.

윤석열 정부가 들어서고 비대위원장으로 임명될 때까지 보수성향 사람들을 만나면 90% 이상이 한동훈 칭찬이었다. 윤석열 지지자들은 윤석열의 후계자로 한동훈을 많이들 여겼던 것 같다. 그러다 우연히 흥미로웠던 기사를 봤다.

세월호 유족에게 정부가 880억원을 배상하라는 2심 판결에 대해서 법무부가 상고를 포기한 것이다. 역시 당시 법무부 장관은 한동훈이었다. 2심이 1심의 배상액 723억원보다 증액되었는데 상고를 포기한 것이다. 론스타 국제투자분쟁 사건은 끝까지 가겠다며 포기하지 않는 사람인데 세월호 유족 배상은 바로 포기한 것이다. 지지자들한테 보이지 않던 본성을 우연히 본 것이었다.

총선과 당대표 선거 이후 한동훈을 싫어하는 사람들은 늘어났다. 정당 게시판 관련 사건은 보수 내에서 한동훈에 대한 이탈에 가속이 붙었다. 총선 때나 당대표 선거 때도 저렇게 수세에 몰린 한동훈은 처음 봤다.

그러다 2024년 12월 3일 계엄이 선포되었다. 한동훈은 선포되자마자 야당 대표였던 이재명보다 더 빨리 계엄 철회를 주장했다. 이 사건을 그는 승부수를 던질 때라고 여긴 것 같다. 그래서 국회에 입성하여 야당 국회의원들과 함께 개헌 철회 요구안을 가결했다.

이 당시 나는 2가지 의문을 가졌다. 왜 자신이 장관 시절부터 대립했던 이재명 대표와 공개된 장소에서 악수하여 사진이 찍히게 만들었을까? 국민의힘 국회의원이 100명이 넘는데 자신과 함께 온 국회의원은 18명에 불과했다는 사실이다.

두 가지를 확인하고 나서 윤석열 대통령보다 한동훈 대표가 먼저 끝나겠다는 예상을 했다. 바로 앞 일도 예상이 틀리는데, 좀 더 장기적이고 이해관계가 다양한 사회에서 예상은 틀리기 마련이다. 그런데 공교롭게도 한동훈은 나의 예지력을 높여주려고 했는지 몰라도 자꾸 그런 방향으로 행동하게 된다.

계엄 철회 이후 그는 자신의 당내 장악력이 낮은 것과 이재명 대표와의 악수 사진이 드러난 건 생각하지 못하고 본색을 드러내며, 탈당과 하야를 요구하는 승부수를 띄운다.

과거 박근혜 대통령 탄핵 때 김무성 의원이 탄핵 찬성을 주도했을 때는 최소 62명 이상의 찬성을 이끌었다. 이후 탈당 후 바른정당을 창당할 때는 33명이었다. 한동훈은 계엄 철회 요구안을 통과시킬 때 18명만 동원한 것이다. 친한계가 당내에서 세력이 정말 약하다는 패를 깐 것이다.

이후 계엄을 이유로 야당에서 윤석열 대통령 탄핵소추가 발의될 것이고, 계엄 철회 이후부터 하야를 주장하는 한동훈 대표는 대통령이 탈당과 하야를 거부하면 자연스레 탄핵을 찬성할 것이었다.

역시나 계엄 철회 요구안에 투표했던 김상훈 국민의힘 정책위원장부터 대통령 탄핵은 반대한다는 기사를 봤다. 탄핵이 통과되더라도 한동훈 대표의 세력이 더욱 이탈하겠다는 느낌을 받았다.

첫 번째 국민의힘 의원 의총에서 탄핵 반대를 당론으로 채택하여 탄핵소추가 12월 7일 부결되었다. 다음 날인 12월 8일 한동훈 대표와 한덕수 당시 국무총리의 담화를 생방송으로 시청했다. 여러 담화를 보면서 서로 다른 얘기를 하는 담화는 처음 봤다.

한동훈은 여전히 대통령의 질서 있는 퇴진을 요구했고, 한덕수는 당과 협의하겠다고 말했다. 탄핵소추를 막아냈는데 여당의 당대표는 바로 다음 날 퇴진을 요구하다니 당최 무슨 상황인지 이해되지 않았다.

〈사탄의 인형〉 공포영화 시리즈의 처키라는 캐릭터가 있다. 주인공을 죽이기 위해 수단과 방법을 가리지 않고 하반신이 절단되어도 악행은 멈추지 않는다. 흉측한 얼굴을 가진 인형의 행동은 광기가 아닐 수 없다. 계엄 이후 한동훈의 행적들은 광기 그 자체였다. 이전에는 시비를 자주 거는 느낌 혹은 가벼운 느낌을 받았지만, 2024년 12월의 한동훈 대표는 광기를 보여줬다고 생각한다.

그 절정은 12월 12일 원내대표 선출 때 탄핵 찬성 공론화 발언과 12월 14일 탄핵이 소추된 이후 최고위원 선출직 5명이 전원 사퇴하고 나서 계속 당대표 직무를 하겠다고 발표한 것이었다. 화도 나지 않고 그저 웃긴 상황이었다.

절대자의 광기는 공포였지만, 힘없는 자의 광기는 코미디이다. 한동훈은 절대자였던 적도 없고, 친한계도 많이 이탈한 것 같다. 그는 공포 장르를 호소한 스릴러 장르에서 스스로 코미디 장르로 격하된 것이다.

한동훈을 지지했던 보수우파 시민들 다수는 원래 윤석열을 지지하던 분들이었다. 다만 그들은 친윤계라 불리는 국회의원들을 불신하여 한동훈을 지지했다. 그런데 한동훈 대표가 윤석열 대통령 하야 또는 탄핵을 주장하자 급속도로 이탈했다. 한동훈을 내 앞에서 찬양했던 이들도 돌아섰다.

탄핵 재판 결과 여부를 떠나서 한동훈은 이제 보수정당에서 대선 후보로 선출되기는 힘들 정도로 회복 불가능한 이미지를 쌓았다. 나가기 직전 의총에 나타나서도 자기가 계엄을 했었냐, 자기가 투표를 했었냐며 도리어 의원들 화를 돋우는 무책임한 모습을 보였다.

정당을 나와서 대선 후보로 출마했을 때 국민의힘에서 얼마나 탈당하고 그를 도울까? 과거 이명박 대통령을 20년 이상 구형했던 그는 이제 진보정당에 입당하는 것이 어떨까 생각이 든다.

최성환 빅픽처 대표

2024. 12. 30.

03 철면피

윤석열 대통령이 오늘(14일) 국회로부터 탄핵 소추되었다. 이번 사태에 이르게 된 데에는 집권 여당의 원탑One Top인 윤석열 대통령의 책임이 있다는 것을 부인할 수 없다. 그러나 지난 2년 6개월의 과정을 돌아보면, 모든 책임을 대통령에게만 돌리기에는 무리가 있다.

대통령 취임 이후부터 탈당에 이르기까지 윤 대통령을 끊임없이 괴롭혀 온 이준석과 그의 일당도 모자라, 검사장 직급에서 법무부 장관으로 임명되어 소년급제를 받은 한동훈은, 급기야 국민의힘 비대위원장 자리까지 올랐지만 결국 대통령에게 비수를 꽂았다.

이들은 이재명의 민주당과 싸우기보다 윤석열 정권과의 싸움에 더 몰두해왔다. 이 상황에서 아무리 제왕적 권능을 가진 대통령이라 해도 자신의 힘을 온전히 발휘할 수는 없었다.

이준석과 한동훈은 야단치는 시어머니(야권)보다 말리는 시누이 역할을 톡톡히 하며 결과적으로 파국을 불러왔다.

한동훈의 철면피한 태도

한동훈의 염치없고 뻔뻔한 태도는 대통령 탄핵 소추 통과 이후에도 여실히 드러났다. 국민의힘 선출직 최고위원들 중 장동혁, 진종오 의원과 인요한, 김민전, 김재원 의원이 사퇴 의사를 밝히며 당 지도부는 붕괴 직전에 놓였다. 그러나 한동훈은 "저는 직무를 수행할 것"이라며 망상에 가까운 태도를 보였다.

어떤 근거로 혼자 당 대표 직무를 수행하겠다는 것인가. 이런 모습은 철로 만든 것처럼 두꺼운 낯가죽을 가진 뻔뻔함의 극치이며, 국민의힘 당헌당규를 무시하는 후안무치(厚顔無恥)한 행동이다. 최고위원 4명이 사퇴할 경우 당 지도부는 자동으로 비상대책위원회 체제로 전환된다는 사실조차 모른 채 행동하는 것은 무책임하다.

새로운 출발을 위해

이제 보수우파는 새롭게 출발해야 한다. 파괴된 보수우파를 회복하기 위해서는 옥(玉)과 석(石)을 구분해 진영을 정리하고, 다시 2022년 정권 탈환 정신으로 돌아가야 한다. 보수우파를 가장한 강남 좌파 한동훈 일당은 배제되어야 한다.

한동훈을 앞세워 민주당과 손잡고 체제 파괴를 노리는 진중권, 김경률 등 위장 월경(越境) 세력 또한 척결해야 한다. 한동훈이 물러나면 우리는 하나가 될 수 있다. 헌법재판소의 인용 가능성에 대비하고, 다음 대선을 준비해야 한다. 한동훈 척결만으로도 보수우파는 다시 기회를 만들 수 있다.

2024. 12. 14.

04 한동훈 대표와 검찰의 입체적 반란

한동훈 대표는 지난 3일 밤 윤 대통령이 비상계엄을 선포하자 이재명보다 더 빨리 "비상계엄 선포 잘못된 것이다. 국민과 함께 막겠다"고 했다.

한 대표는 윤석열 대통령 탄핵안이 7일 오후 9시20분 표결이 성립되지 않아 폐기됐다는데도 직무정지와 조기퇴진을 주장했다.

국민의힘 당 대표로서 왜 그럴까 하는 의문이 든다. 그러나 한동훈 대표의 검사 시절 수사형태를 보면 알 수 있다.

한동훈 대표는 검사시절 특정한 대상을 미리 정해 놓고 그 대상만을 지나치게 집중적으로 수사하는 표적수사(標的搜査)와 죄가 있다고 단정하고 집요하게 죄를 추궁하는 정죄수사(定罪搜査)에 능했다.

온라인상에서 회자(膾炙)되고 있는 그의 평가에 따르면, 한 검찰 간부는 "표적수사를 표적수사가 아닌 것처럼 포장하는 능력이 뛰어나다"며 "'검찰이 하는 수사에 표적수사가 아닌 게 없냐'는 말을 들은 적이 있다"고 전했다.

평검사때부터 한동훈의 조사 방법은 통상의 방법과 달랐다고 한다. 다른 검사들은 한번 불러 1회 조서를 작성하는데 반해 한동훈은 한 번 불러 3회 조사를 하고 곧바로 피의자를 굴복시킨다는 것이다

물론 이런 수사방법은 중소기업 규모나 일반 형사사건에서 통한다. 하지만 대기업이나 이슈가 큰 논란이 있는 사건에서 한동훈의 수사방법은 통하지 않았다.

한동훈 대표가 검사시절 수사한 사건을 보면1심에서 검찰에 기소된 사법농단 사건 관련자들인 현직 판사 전원이 무죄로 판결났다.

참여연대가 고발한 삼성바이오로직스 분식회계 의혹 수사도 1심과 2심 모두 검찰의 공소사실이 모두 입증이 부족하다며 이재용 뿐만 아니라 관련 피고인 13인도 전부 무죄를 선고했다.

당시 한동훈의 수사팀은 1년 8개월여간 이 부회장의 경영권 불법승계 의혹에 대해 경영진 30명이 100여 차례 소환되고 50여 차례 압수수색을 강행하는 등 집요하게 수사했지만 결국 참혹한 결과를 받았다.

엘시티 게이트 관련 명예훼손 민사소송 패소했다. 장용진 기자가 아주경제 논설위원 시절 페이스북과 아주경제 유튜브 계정에서 한동훈이 엘시티 게이트를 부실수사했다는 주장을 펼쳤다. 이에 한동훈은 명백한 허위 사실이라며, 장용진 기자를 피고로 하여 불법행위에 기한 손해배상청구소송을 제기했다.

1심에서 일부 승소하여 손해배상금 1,000만원을 지급하라는 판결을 받아 냈지만 2024년 2월 1일 항소심에서 패소했다.

항소심은 "수사 진행 시기 원고는 3차장과 대검 반부패강력부장을 맡았는데 그 관할은 전국에 걸쳤고 외관상으로 권한이 있는 것처럼 보인다"면서도 "원고가 엘시티 수사에 있어 구체적 권한과 책임을 부여 받지 않은 것이 사실이고 피고의 의혹 제기로 억울함과 분노를 느끼는 것은 자연스러울 수 있다"면서도 "다만 언론으로서는 수사에 대해 추상적 권한을 가진 것처럼 보이는 주요 수사기관 고위공직자에게 충분히 의혹 제기를 할 수 있다"고 판단했다.

한 검사는 한동훈의 수사스타일에 대해 "한동훈 스타일로 조사를 하기 위해서는 철저한 사전 준비가 필요하다"고 했다.

그렇다면 한동훈이가 보수우파의 거센반발에도 불구하고 윤석열 대통령에 대한 직무정지와 조기퇴진을 요구하는 것은 나름대로 철저한 사전준비가 있었다고 본다.

필자는 윤석열 대통령 죽이기 위한 한동훈 대표와 검찰의 사전준비가 반란(反亂)의 씨앗이라고 본다.

지금 검찰은 윤석열 대통령 인맥이라고 보지만 정치성향과 10살이상 차이가 나는 연령대를 비교해보면 윤석열 대통령보다는 한동훈 대표와 정서적으로 가깝다고 할 수 있다.

한동훈 대표와 정서적으로 가까운 검사들은 이명박·박근혜 전 대통령 구속시키는 수사에 참여한 사람이 대부분이고 문재인 정권 초기 승승장구한 사람들이다.

윤석열 대통령 호위무사 노릇하다 피해를 봤다고 하지만 그것은 윤석열 대통령 옹호하다 그런 것이지 정치적으로 문재인 정권에 항거한 것이 아니기 때문이다.

심우정 검찰총장은 지난 5일 탄핵을 당했음에도 윤석열 대통령의 비상계엄에 내란 혐의 고발 검찰이 직접수사하라고 지시했다.

한동훈 대표의 현대고와 서울대 법학과 후배인 박세현 특별수사본부 본부장은 "많은 곳으로부터 고발장을 접수했다, 대통령을 피의자로 입건했다"며 "법무부에 보고 안했다."

창원지검장 정유미 검사장도 한동훈 대표 사람이란 의혹에서 벗어날 수 없다.

창원지검장 정유미 검사장은 전남 광주출신으로 한동훈과 같은 1972년생이다. 서울대학교 사범대학에서 교육학 학사를 취득한 후 제40회 사법시험에 합격하며 법조계에 발을 들였다.

창원지검은 명태균 게이트를 수사하고 있지만 월권을 저지르고 있다. 명태균과 김영선은 정치자금법으로 기소됐지만 명태균과 관련된 자료가 유출되고 있다는 의혹을 받고 있다.

일반인들은 알 수 없는 명태균-김건희 여사 자료, 오세훈 죽이기 위한 수사정보 유출 등 말이다. 조사받아야 할 이준석은 수사도 하지 않고 정치자금법 공범으로 구속시켜야 할 강혜경은 수사도 하지 않고 있다.

정유미 검사장이 지난 10월, 대구지검에서 열린 국정감사에서 행한 발언을 보면명태균 관련 의혹에 대해 "저희는 지금 입에 단내가 나도록 최선을 다하고 있다"는 강력한 메시지를 전하며 철저한 수사를 약속했다.

단내가 나도록 최선을 다한 결과가 창원지검발 명태균 수사자료 유출 의혹이다.

윤석열 대통령의 비상계엄 선포와 비상계엄 선포 해제 결의안 수용은 헌법 절차따라에 이루어진 것이다.

비상계엄 선포 기간인 4시간 30분여간 이루어진 계엄행위는 내란책동도 헌법파괴도 아닌 정상적으로 이루어진 계엄법으로 보장된 활동이다.

지난 7일 오후 윤 대통령 탄핵소추안이 국회에서 부결됐다. 이 모두 고도의 정치력 행위다.

아직은 정치력이 작동중인데 어떻게 대통령의 통치행위를 검찰이 예단하여 내란죄를 적용하겠단 말인가.

윤석열 대통령을 정죄(定罪)해 놓고 표적(標的)수사를 하겠다는 한동훈 대표와 검찰의 입체적 반란이다.

더불어민주당 등 야권 192석과 광장에서 이루어지는 일부 종북세력들 집회를 보고 "자라보고 놀란가슴 솥뚜껑보고 놀란다" 식의 행태를 보이면 안된다.

지난 총선에서 국민의힘은 지역에서 90석을 더불어민주당은 161석을 얻어 큰 격차가 났지만 득표율에서는 국민의힘은 45.1%, 민주당은 50.5%로 불과 5%정도밖에 차이가 안난다.

민심을 함부로 예단하면 안 된다.

2024. 12. 09.

05 나홀로 탄핵 찬성

지난 4일 새벽 비상계엄 해제 결의안이 통과되자 한동훈 대표는 국회 본회의장에 들어가 더불어민주당 이재명 대표와 악수를 했다.

무슨 의미의 악수일까. 윤 대통령 몰아내자는 도원결의(桃園結義)다.

원외인사는 국회 본회의장에 입장할 수 없다. 역대 어느 원외 당 대표도 회기중 본회의장에 입장한 바 없다. 나홀로 한동훈 대표뿐이다.

자신은 국회법을 위반하면서 합법적으로 실행한 대통령의 비상계엄 선포는 부정하고 있다.

한동훈은 지난 3일 밤 윤 대통령이 비상계엄을 선포하자 이재명보다 더 빨리 "비상계엄 선포 잘못된 것이다. 국민과 함께 막겠다"고 했다.

5일에는 국민의힘이 의원총회에서 탄핵반대를 당론으로 채택하자 탄핵만은 막겠다고 했다,

6일 아침에는 계엄군이 자신을 체포하려했다는 사실에 윤 대통령 직무 정지를 해야 한다고 돌변했다.

한동훈 대표는 6일 오후 윤 대통령과 독대 후 "대통령 직무 정지해야 한다"고 말했다.

윤 대통령이 계엄군을 동원해 한동훈을 체포하려 했던 것은 이재명 일당과 협조해 탄핵을 시도하려 했고 가족이 연루된 당원게시판 논란에 조사는커녕 방치했기 때문이라고 본다.

한동훈 대표는 대통령 직무정지 운운하기 전 가족 연루 의혹을 받고 있는 윤석열 대통령 비판건에 대해 먼저 조사를 받아야 한다.

12월 4일 밤 국민의힘은 의원총회에서 탄핵반대를 당론으로 정했다. 원희룡 전 장관은 "대한민국을 분열시키는 탄핵만은 절대 동의할 수 없다"고 밝혔다. 윤상현 의원도 "이재명에 정권 헌납 안

된다"며 "윤석열 대통령 탄핵에 동참하지 않겠다"고 말했다. 국민의힘 시도지사 협의회도 "대통령은 비상 거국 내각 구성하고 2선으로 물러나야 한다"며 탄핵에 대해 부정적인 시각을 나타냈다.

현재 윤석열 대통령 탄핵을 공개적으로 외치는 사람은 국민의힘 당 대표 한동훈 혼자뿐이다.

지금 조·중·동을 비롯한 모든 언론방송에서는 마치 윤 대통령이 내란죄를 저지른 것처럼 떠들어 대고 있다.

북한의 대남오물풍선 하나 제어 못하고 문재인 전 대통령 소환조사 한번도 못한 국방부와 검찰은 지체없이 윤 대통령과 명령에 따라 움직인 군 고위장성들 잡겠다고 설쳐대고 있다.

윤 대통령의 비상계엄 선포는 국가수호를 위한 결단이며 국회의 비상계엄 해제 결의안 수용은 헌정수호를 위한 조치이다.

지금 합법적 행위가 내란의 죄로 변질되고 있다. 앞장서서 그렇게 만들고 있는 자가 국민의힘 당 대표 한동훈이다.

2024. 12. 06.

06 한동훈만이 만병통치약은 아니다

'망둥이가 뛰니까 꼴뚜기도 뛴다'라는 말이 있다. 남이 뛰며 좋아하니까 공연히 덩달아 날뛴다는 뜻이다. 이 말은 한동훈 대표에게도 적용될 수 있다.

한동훈 대표는 명심(明心)을 민심(民心)이라 착각하며 덩달아 날뛰고 있다. 하지만 지금의 민심은 지난 대선에서 윤석열 대통령을 지지했던 윤심(尹心)이다.

윤심이 바라는 것이 무엇인지를 헤아려야 한다. 명심을 쫓아가서는 안 된다. 윤심의 근본은 문재인 전 대통령과 이재명 대표의 구속, 그리고 종북좌파 척결에 있다.

그러나 정권 출범 후 2년 반이 지난 지금, 윤심이 기대했던 것 중 단 하나도 이루어진 것이 없다. 이러한 열망을 윤석열 정부가 충족시키지 못했기에 지지자들이 이탈하고 있는 것이다.

그 책임은 법무부 장관 시절 수사를 책임졌던 한동훈 대표에게도 있다.

똥 묻은 개가 겨 묻은 개 나무란다

'똥 묻은 개가 겨 묻은 개 나무란다'라는 말이 있다. 자기에게 더 큰 흉이 있으면서 도리어 남의 작은 흉을 본다는 뜻이다.

지난 11월 4일, 한동훈 대표는 최고위원회에서 다음과 같은 요구를 했다.

윤 대통령의 솔직한 사과
용산 참모진 개편
쇄신 개각 단행
김건희 여사 대외활동 중단
특별감찰관 임명

이런 요구와 비판은 윤 대통령의 지지자들이 할 수 있는 말이다. 하지만 한동훈 대표처럼 이 정권의 동반자가 할 자격은 없다.

법무부 장관도, 비대위원장도 모두 윤석열 대통령의 추천과 임명으로 이루어졌다. 한동훈 대표는 2024년 4월 총선에서 국민의힘의 대패 책임을 면할 수 없다.

반윤의 길을 걸은 한동훈

한동훈 대표는 지난 7월 전당대회 당 대표 선거에 출마해 반윤 분위기에 편승하여 당선되었다. 하지만 윤석열 대통령과 김건희 여사를 비판하듯, 이재명 일당에 대해 모질게 비판한 적이 있는가?

11월 4일 리얼미터 여론조사에 따르면, 윤석열 대통령의 지지율은 직전 조사 대비 2.2%포인트 하락한 22.4%를 기록했다. 국민의힘의 정당 지지도 역시 3.2%포인트 하락한 29.4%로 나타났다. 반면 더불어민주당은 47.1%의 지지율을 기록하며 국민의힘과의 격차가 17.7%에 달한다.

더불어민주당은 이재명 사법 리스크에도 불구하고 내부 결속력을 유지하며 윤석열 정권의 붕괴를 위해 혈안이 되어 있다. 반면 한동훈의 국민의힘은 김건희 리스크에도 불구하고 윤석열 정권 보호에 노력한 적이 있는가?

정치 브로커와 한동훈 대표의 책임

11월 4일 최고위원회에서 한동훈 대표는 "제가 이끄는 국민의힘은 정치 브로커에 끌려다닐 생각도 이유도 없다"고 했다. 하지만 한동훈 대표 주변에는 정치 브로커가 없는가? 대표적으로 대한민국 희대의 정치 브로커인 진중권을 옆에 두고 정치 브로커 운운하는 것은 자기모순이다.

한동훈 대표는 자신이 이끄는 국민의힘 지지도가 취임 당시보다 약 10% 하락했음을 인정해야 한다. 전당대회 직후인 7월 29일 리얼미터 정당 지지도 조사에서는 국민의힘이 38.4%였다. 이는 현재와 비교해 10% 가까이 하락한 수치다.

이 모든 결과에 대한 책임은 한동훈 대표에게 있다. 따라서 당대표 활동을 중단하는 것이 마땅하다.

윤심은 명심이 아니다

한동훈 대표는 윤석열 대통령의 독단적 국정 운영에 국민이 반감을 갖고 있다고 진단했다. 하지만 이는 잘못된 판단이다. 국민, 즉 윤심이 바라는 것은 문재인과 이재명을 처단하는 것이다. 독단적이 아니라 독재적 리더십을 발휘하라는 것이다.

한동훈 대표 자신은 과거 총선에서 독단적 공천과 선거운동을 하지 않았는가? 이러한 모습은 '똥 묻은 개가 겨 묻은 개를 나무라는 격'에 불과하다.

김건희 여사의 대외활동 중단을 주장하려면, 자신도 대외활동을 중단하고 정계 은퇴를 해야 한다. 아무리 윤석열 대통령 부부가 잘못했다 해도, 은덕을 입은 한동훈 대표는 비판할 자격이 없다.

윤 대통령 부부의 호위무사가 될 수 없다면, 물러나는 것이 도리다. 그것이 경우요, 상식이다.

한동훈만이 만병통치약이 아니다

향후 윤석열 정권을 견제하고 비판할 대선 후보들은 국민의힘 내에도 충분히 존재한다. 한동훈 대표는 능력 없고 자격 없는 거리의 약장수에 불과하다.

한동훈 대표만이 국민의힘과 보수우파의 만병통치약은 아니다.

2024. 11. 04.

07 사람이 잘못 들어오면

내가 어릴 적부터 다니던 교회는 지난 1997년부터 2002년까지 약 5년간 극심한 내홍을 겪었다. 겉으로는 목사와 장로 간의 갈등으로 보였지만, 속내는 보수적인 장로 측과 진보적인 목사 측 간의 이념 갈등이었다.

이 교회는 개척한 지 60년이 된 전통 있는 교회였다. 초대 목사님이나 이후 담임목사님들 모두 이념적으로 보수적이었지만, 오로지 하나님의 말씀만 전하는 데 힘썼기에 교인들 간에 정치적 갈등은 없었다.

교인의 약 40%를 차지했던 호남 출신 신도들도 목사님의 신앙

교육을 충실히 따랐고, 교회 건축에 앞장설 정도로 하나님 안에서 하나 된 모습이었다.

변화의 시도와 갈등의 시작

1990년대에 접어들면서 교회는 젊은 목사를 초빙해 교회를 혁신하고 발전시키려는 분위기가 일었다. 처음 초빙한 30대 후반의 젊은 목사는 여자 집사들과의 추문이 발생해 바로 해임되었고, 이후 또 다른 젊은 목사를 초빙했다.

새로 부임한 목사는 열정적이었고 어른들을 공손히 대하며 신선한 설교로 초기에는 많은 사랑을 받았다. 그러나 시간이 지나면서 설교 내용이 점차 정치적으로 흐르기 시작했다. 이를 이상하게 여긴 장로님들은 그의 배경을 조사했다.

그 결과, 목사님이 특정 지역 출신임이 밝혀졌다. 문제는 그의 출신이 아니라, 부목사와 전도사들까지 모두 정치적으로 진보 좌파 성향을 가지고 있었던 점이었다. 이들의 설교와 기도회에서는 정치적 편향성이 드러났고, 젊은 청년들로부터도 이에 대한 제보가 이어졌다. 조용했던 교회는 젊은 목사와 부목사, 전도사들로 인해 정치적·지역적 갈등이 일어나 혼돈에 빠졌다.

결국 갈등을 해결하다

오랜 갈등 끝에 장로들과 초기 교인들이 합세해 먼저 진보 좌파 성향의 부목사를 축출했고, 결국 담임목사도 내보냈다. 그 담임목사는 교회 인근에 새로운 교회를 개척했지만, 동정심 많은 일부 교인이 합류했을 뿐 오래가지 못하고 문을 닫았다. 다시 돌아온 교인들과 함께 교회는 안정기를 찾았다.

어려운 시기에 목사님이 나를 위로해주고 보호막 역할을 해주셨던 점은 지금도 고맙게 생각한다. 하지만 목사님의 지나치게 정치 편향적인 태도와 인간적인 면모에 실망하면서 결국 소원해졌다.

현재의 목사님은 보수적이지만, 설교나 교회 행사에서 절대 정치적 색채를 드러내지 않으신다. 이러한 이유로 교회는 지난 20년간 갈등 없이 잘 운영되고 있다.

국민의힘의 상황과의 유사성

현재 국민의힘의 상황은 내가 다니던 교회의 내홍과 닮아가고 있다. 혁신과 쇄신을 외치며 내부로 들어온 이들이 내부 갈등을 조장하고 있다.

이들은 청년, 수도권, 중도를 내세우며 혁신과 쇄신을 외치는 한편, 국민의힘을 지키고 발전시켜온 세력들을 타도의 대상으로 삼고, 정권 교체를 이룬 주역들을 '윤핵관'이라 매도하며 폄하하고 있다.

한동훈과 그 주변 세력의 문제점

지금의 국민의힘을 바라보면, 담임목사가 한동훈이고, 진보 좌파적 시각을 가진 부목사와 전도사들이 김종혁, 신지호, 김경률, 박정훈, 김형동, 장동혁 등인 듯하다. 외부에서 바람잡이 역할을 하는 민주당 출신의 진중권, 함운경 등도 있다.

보수를 가볍게 생각해서는 안 된다. 그들이 보기에는 보수가 구태의연하고 게으르며 무식하게 보일지 몰라도, 나라를 사랑하는 마음만큼은 철강석처럼 굳건하다.

정통 보수의 힘

한동훈 세력들은 윤석열 대통령을 무력화할 수 있을지는 몰라도, 정통 보수 세력을 무너뜨릴 수는 없다. 한동훈 대표를 필두로 한 진보 좌파 성향의 세력들은 결국 윤석열 대통령이 아니라, 나라를 일군 정통 보수 세력에게 심판받게 될 날이 올 것이다.

그들은 권력 쟁취를 생각하지만, 보수우파는 대한민국 체제 유지를 생각한다. 이러한 이유로 한동훈 세력은 오래갈 수 없다.

내가 다니던 교회가 내홍을 겪고 결국 보수적인 방향으로 안정을 찾았듯, 국민의힘도 결국 정통 보수의 힘으로 다시 제자리를 찾아야 한다. 이는 보수를 가볍게 여기지 않는 철학과 의지에서 비롯될 것이다.

2024. 10. 19.

08 거리의 약장수

한동훈, 국민의힘 당 대표로 부적합하다

한동훈 전 비대위원장(이하 한동훈)은 국민의힘 당 대표 지지도 여론조사에서 민심(民心)과 당심(黨心) 모두에서 1위를 기록하며 질주하고 있다. 그러나 작년 전당대회를 돌아볼 때, 한동훈이 1차 투표에서 과반 득표를 얻을 가능성은 확실하지 않다.

한동훈은 국민의힘의 보수우파를 대변하기보다는 이를 위협하는 세력들의 수장으로, 결코 국민의힘 대표가 되어선 안 되는 이유가 있다.

1. 한동훈은 협조보다 갈등을 조장할 것이다

한동훈은 국민의힘 정권 재창출과 윤석열 정부와의 협력을 이루어낼 인물이 아니다. 그는 차별과 견제를 이유로 끊임없이 대립할 것이며, 심지어 이재명 세력과 협력하여 윤석열 대통령의 조기 퇴진에 전력을 다할 가능성이 있다.

2. 한동훈 주변 세력의 문제점

한동훈 주변에는 국민의힘의 정체성과 맞지 않는 인물들이 다수 포진해 있다.

장인 진형구: 친중 의혹을 받고 있는 인물
이근성: 진보 좌파 프레시안 창간자
진중권, 김경률: 진보 좌파적 성향
민경우: 최근 한동훈 캠프에 합류한 인물로, 과거 윤 대통령 퇴진을 요
　　　　구한 바 있음
함운경: 총선 중 윤 대통령 퇴진 요구
신지호, 김형동: 운동권 출신 및 친중·친민주노총 성향
배현진: 정치적 개념 없이 행동하는 인물로 평가받음

한동훈은 대구·경북 당 대표 경선 연설에서 친문 좌파 시인 정호승의 시 폭풍을 인용하며 논란을 일으켰고, 지난 1월 6일에는 김대중(DJ) 전 대통령의 탄생 100주년 기념식에서 "인생은 생각할수록 아름답고 역사는 앞으로 발전한다"는 김 전 대통령의 어록을 인용했다. 이는 국민의힘과 반대되는 지도자의 말을 공개적으

로 사용한 점에서 매우 이례적이다.

3. 한동훈의 정치적 정체성과 인성 문제

한동훈의 정치적 정체성은 보수우파와 거리가 멀다. 그의 피는 블루도, 레드도 아닌 핑크에 가깝다. 그는 레드(보수)의 생각을 블루(진보)의 장소에서 활용해 자신의 야욕을 달성하려는 핑크족에 불과하다.

또한, 한동훈의 인성은 0점이다. 그는 자신이 대하기 싫은 전화는 받지 않고, 리턴콜도 하지 않는다고 한다. 지난 16일 인요한 전 비대위원장은 총선 기간 중 한동훈이 전화를 받지 않았다고 밝힌 바 있다. 김건희 여사의 문자도 무시하는 모습을 보면 이러한 태도가 일관적임을 알 수 있다.

4. 총선 패배 후 자숙 없는 행보

4·10 총선에서 국민의힘이 참패한 지 두 달 반 만에 한동훈은 선거 패장(敗將)임에도 다시 당을 이끌겠다고 나섰다.

제대로 된 인성을 갖춘 인물이라면, 주위에서 출마를 권유하더라도 최소 1년은 자숙하겠다고 말해야 했다. 그러나 한동훈은 총선의 책임을 윤석열 대통령에게 전가하며 자신을 피해자인 듯 포장하고 다닌다.

5. 콘텐츠 없는 거리의 약장수

한동훈은 정치적 소신이나 철학, 콘텐츠가 전혀 없다. 그는 정체를 알 수 없는 팬덤과 유세에 취해 돌아다니는 거리의 약장수일 뿐이다.

한동훈은 국민의힘의 대표로 적합하지 않다. 그의 주변 세력과 정치적 행보는 국민의힘의 정체성과 맞지 않으며, 보수우파의 가치를 훼손할 가능성이 크다. 당 대표로서 한동훈의 역할은 보수 세력의 분열과 내부 갈등을 초래할 뿐이다.

국민의힘의 미래를 위해서라도, 보수우파는 한동훈의 실체를 분명히 직시하고 그가 당 대표로 선출되는 것을 저지해야 한다.

2024. 07. 19.

09 생까기는 버릇

한동훈 국민의힘 당 대표 후보가 비상대책위원장 시절 김건희 여사의 문자메시지를 '읽씹(읽고도 답하지 않음)' 했다는 사실이 논란이 되고 있다. 이는 단순한 해프닝이 아니라, 한동훈 특유의 '생까기' 버릇에서 비롯된 행동이라는 비판이 제기되고 있다.

'생까기'는 '생까다'의 명사형으로, 상대를 무시하거나 모른 척하는 태도를 의미한다. 이는 정치인으로서 지녀야 할 기본적인 책임감과 소통 능력 부족을 드러내는 태도다.

총선 참패와 한동훈의 생까기

지난 총선 후, 필자는 몇몇 국회의원을 만날 기회가 있었다. 그

자리에서 주요 화제는 총선 참패의 원인이었는데, 한동훈의 태도에 대한 불만이 빠지지 않고 언급되었다.

대부분의 의원들은 한동훈이 전화를 받지 않고, 리턴콜조차 하지 않는다고 비판했다. 이는 단순히 바빠서라기보다는 곤란하거나 싫어하는 사람들과의 접촉을 의도적으로 피하는 '생까기' 태도에서 비롯된 것으로 보인다.

반대로 한동훈은 자신이 좋아하는 사람, 혹은 자신을 좋아해주는 사람들에게는 적극적으로 다가간다. 그는 밤무대 싸이키 조명에 중독된 가수처럼, 자신의 지지자들 앞에서는 열정적으로 덩실거리는 모습을 보인다.

이상규 위원의 증언

한동훈의 생까기 버릇은 총선백서 작성 과정에서도 드러났다. 이상규 성북을 당협위원장이자 총선백서위원은 지난 8일 한 유튜브 방송에 출연해, 총선 패배의 원인을 파악하기 위해 인터뷰를 요청했지만 한동훈만 응하지 않았다고 증언했다.

이 위원은 장동혁 전 사무총장 등 관련 인사들을 모두 만나 인터뷰하며 총선 참패의 원인을 분석하려 했으나, 한동훈은 전화를 받지 않았고, 지인을 통해 서면 인터뷰를 요청했음에도 끝내

응답하지 않았다. 한마디로, 생까기를 한 것이다.

그는 이와 같은 태도를 두고, 한동훈이 직능단체의 지지 선언 하나도 받지 못한 무능은 숨긴 채, 참패의 책임을 대통령실에 떠넘기고 있다고 비판했다. 이는 단순한 무시를 넘어 정치적 책임 회피로 보일 수밖에 없다.

한동훈 캠프의 폐쇄적 태도

여의도의 한 빌딩에 위치한 한동훈 당 대표 선거 캠프는 지나치게 조용하다. 이는 단순히 활동이 없는 것이 아니라, 방문객 자체를 제한하기 때문이다. 캠프에는 2만 원짜리 스마트키를 소지한 요원들만 출입할 수 있다.

이런 폐쇄적인 운영 방식은 한동훈의 정치적 태도를 그대로 보여준다. 만약 이런 후보가 국민의힘 당 대표가 된다면, 당사 역시 스마트키를 가진 사람만 출입할 수 있는 곳이 될지 모른다.

이런 사고방식을 가진 인물이 용산 대통령실과 원활한 당정 협조를 이끌어낼 수 있을까? 아마도 당정분리와 당정차별을 명분으로, 생까기 행태만 지속할 가능성이 높다.

정권 재창출의 길

국정 운영과 정권 재창출의 실패는 집권 여당의 당 대표가 아니라 오롯이 대통령의 책임이다. 그러나 정권 재창출에 성공하려면, 제2의 이준석 길을 갈 한동훈의 당 대표 선출을 반드시 막아야 한다.

심지어 김건희 여사가 사과에 대한 자문을 구하며 도움을 요청했음에도 이를 무시했던 한동훈이, 국정농단이라는 굴레를 씌우며 빠져나가려는 태도를 보였다면, 그런 사람에게 국민의힘의 미래를 맡길 수는 없다.

책임당원의 역할

국민의힘 책임당원들은 윤석열 정권의 성공과 정권 재창출이라는 대명제를 염두에 두고 당 대표를 선택해야 한다. 그 선택이 당의 미래를 좌우할 것이다. 생까기로 일관하며 폐쇄적인 태도를 보이는 한동훈에게 당을 맡기는 일은 절대 있어서는 안 된다. 국민의힘의 생존과 보수우파의 재건을 위해 책임감 있는 선택이 필요한 때다.

2024. 07. 10.

10 출마 선언 스피치

쉬운 답변만 골라서 한 수준

한동훈 전 국민의힘 비대위원장은 23일 국회 소통관에서 7·23 국민의힘 전당대회 출마를 선언했다. 결론부터 말하자면 이게 한동훈 본인의 생각이 들어간 게 맞는가에 대한 의문이 든다.

그동안 청문회나 인터뷰에서의 한동훈의 발언들을 생각하면 이번 출마 선언 발표는 밋밋한 느낌이다. 수도권, 중도, 청년 거론하는 게 그동안 필자가 봐왔던 한동훈의 이미지와 괴리감이 들며 그저 한 명의 기성 정치인을 보는 느낌이 든다.

명분 없는 당 대표 출마

삼국지에서 촉한의 유비는 관우의 죽음과 남형주(지금의 후난성 일

대)를 손권의 오나라에 뺏긴 후 흥분을 참지 못한 나머지 제갈량, 조운 등 신하들의 만류에도 기어이 이릉대전을 일으킨 후 대패하며 악순환만 반복했다.

앞서 당 대표에 출마 선언했던 나경원 국민의힘 의원은 지난 2021년 4·7 서울시장 재·보궐선거 경선 때 오세훈 서울시장에 패배한 직후 당 대표 선거에 출마했지만 '이준석 돌풍'의 제물로 바쳐지며 이중 타격을 받았다.

지난 총선 때 정당을 지휘했던 한동훈은 선거 참패의 책임을 지고 물러나더니 약 2달 반 만에 당권에 도전을 선언하여 자신을 노출했다. 민심의 심판을 받은 당사자가 민심과 국민 눈높이를 바라보겠다는 발언을 했는데, 이는 상당히 저급한 야바위가 아니냐?

깊이 없는 당정 관계에 대한 그의 생각

인간은 누구나 본능적으로 듣기 좋은 말을 하려고 한다. 대개 이런 표현들은 안정성을 담보로 하며 잡음을 줄여준다. 한편으로 무색무취한 말들은 자신의 프로필을 어필하거나 홍보하는 것에 도움이 되지 않는다.

자신을 잘 어필하는 정치인은 작은 육각형이나 무난한 원과 같은 발언이 아니라 리스크가 있지만 뾰족하거나 모나거나 각이 뚜

렷한 도형의 발언이다. 한동훈의 당정 관계에 대한 발언들은 소신
과 안정 사이에서 아직 정리가 되지 않은 상황에서 쉬운 답변만 골
라서 한 수준이다.

당정 관계를 수평적으로 하겠다고 하면 기존에 우위에 있던 정
부를 끌어 내려야 하는데 그걸 정부 게다가 수장인 대통령이 순순
히 허락할까? 그러면서 대통령실과의 갈등 논란은 의식해 당정이
협력하는 모습을 보이겠다고 한다.

여기서 한동훈은 대통령실과의 차별화는 포기하기 싫었는지 필
요할 때는 정부에 수정 제안을 하겠다고 한다. 결국 한동훈은 용
산과의 관계 설정에 대해 여전히 갈팡질팡하고 있음을 알 수 있다.

게다가 현재 본인이 위원장 시절 선거 참패로 개헌 저지선이 간당
한 상황에서 당과 하나가 되어야 버틸 수 있는 상황에서 수평적 관
계니 합리적 견제나 비판을 말하는 것은 배부른 소리이다. 6·25
전쟁 당시 대통령이나 정부가 마음에 안든다며 낙동강 전선 사수
도중 쿠테타 일어났으면 어떻게 됐을까?

흔히 야당 당 대표와 여당 당 대표의 역할을 착각하는 경우가
많은데 여당 당 대표는 대통령을 서포팅하는 역할이다. 여당을 지
지할 때 대통령을 보고 지지하지 여당 당 대표를 보고 지지하는 경

우는 드물다. 여당의 얼굴은 당 대표가 아니라 대통령이다.

이도 저도 아닌 답변을 할 바에 차라리 정석적으로 정부와 협력하겠다고 간략하게 말하는 게 한동훈 본인이 강조한 실용적인 답변이다. 당정관계 협력이란 테두리 안에서도 정부와 의견이 갈릴 수도 있고, 최종 조율하면 결국 협력의 사례로 귀결되기 때문이다. 이것이야말로 소신과 협력 두 마리 토끼를 잡는 것이 아닌가?

지지자들과 청년 정치 유망주에 대한 몰염치?

보수정치 재건을 얘기하는 부분에서 한동훈은 정권심판론이 우세였던 당시 지지자들이 절박한 상황에서 나서줬다고 말한다. 이어 국민의힘이 이런 지지자들처럼 절박해진다면 앞으로의 선거에서 승리한다고 하였다.

그럼 총선 때 지지자들을 절박하지 않게 만든 것에 한동훈의 책임은 없는가? 모든 잘못은 대통령과 대통령실의 잘못인 건가? 대통령실이 잘못하여 정권심판론이 우세한 상황에서 자신이 호소해서 지지자들이 나섰다는 건가?

그럼 앞서 총선이 본인에게 책임이 있다는 말은 어떻게 되는 건가? 총선 패배했을 때 당보다 정부의 책임이 크다는 논리라면 총선을 승리했을 때 모든 공은 정부에 돌아가야 되는 것 아닐까? 책임이 크다면 혜택도 커야하는 게 세상의 이치가 아닌가?

  그러면 용산과의 수평적 관계를 논하고 싶다면 본인도 총선 책임이 크다는 것을 인정하고 출마하지 말아야 할 것 아닌가? 본인이 줬다가 뺏는 식의 공천으로 인한 혼란을 야기했던 것부터 곱씹어보길 바란다.

  지지자들에 대한 고마움을 언급하며 지역 현장 풀뿌리 정치 시스템을 제안한 동시에 수도권, 중도, 청년 확장을 언급한다. 이게 얼핏 보면 맞는 말 같지만 당대표 선거에서 지지자들과 확장할 집단과의 우선순위가 동등한 게 맞는 건가? 아생연후살타라고 했다. 풀뿌리 정치와 수도권을 같이 거론하는 게 얼마나 무미건조한 내가 알던 한동훈답지 않은 멘트인가?

  한동훈은 수도권 출신인가? 한동훈은 그 동안 보수층의 지지를 기반으로 했나 중도층의 지지를 기반으로 했나? 한동훈은 지금 청년인가 아니면 자녀가 현재 청년인가? 그런데 무슨 수도권, 중도, 청년을 본인이 대변한다고 말하는가? 이 역시도 그동안 내가 알던 한동훈답지 않은 기성 정치인들의 앵무새같은 발언이다.

  청년 정치를 꿈꾸는 사람은 생각보다 많다. 하지만 한동훈은 청년 정치인의 실명을 언급했는데 이건 다른 청년 정치 유망주들에 대한 역차별이 아닌가?

과거 비대위원장 시절 한동훈은 마포을에서 직접 김경율을 호명하여 논란을 일으켰다. 박은식, 김효은을 굳이 언급한 것은 보수정당의 청년 정치인을 꿈꾸는 다른 수많은 이들에게는 위축될 만한 행동이다. 박은식, 김효은보다 정치 현장에서 오래 굴렀던 청년들에게 한동훈은 결례를 저질렀다.

에너지 정쟁의 원인과 국제 추세도 모르는⑴ 한동훈

한동훈은 과학기술과 관련해 원전은 우파이고 신재생에너지는 좌파의 것이라는 구태를 깨부수겠다는 발언을 했다. 이 부분에서 필자는 한동훈이 본인이 쓰지 않는 글을 읽는 듯한 느낌이나 얼치기의 모습을 봤다.

에너지를 쟁점으로 하는 정당이 어디인가? 녹색당이다. 녹색당의 정치 성향이 좌파인가, 우파인가? 좌파에서 에너지를 쟁점으로 삼지 않았나? 그리고 탈원전으로 원전을 정쟁화한 건 탈원전을 추진한 문재인 정부 아닌가?

약 41%의 지지율로 대통령이 된 문재인 정부 초기 신고리 5·6호기 건설을 중단했지만 결국 59.5%가 원전 건설 재개를 지지하면서 탈원전에 제동이 걸렸다. 대통령으로 문재인을 지지했던 일부 시민들도 탈원전을 반대한 것이다. 이전에 문재인의 친구라는 노무현 전 대통령은 경주에 원전 방폐장 부지를 결정해 신설했다. 한국에서 에너지 쟁점화는 수면 위로 오른 게 10년도 되지 않은 구태가 아니라 신선한 이슈다.

그럼 에너지 정쟁화를 막기 위해 한동훈은 그동안 무엇을 했는가? 법무부 장관 시절 전 정부의 월성원전 1호기 중단에 대해 수사라도 제대로 했는가? 탈원전 문제에 대해 청문회에서 무쌍을 찍듯이 수사를 밀어붙이지 않았는가?

민주주의 역사가 오래된 유럽에서도 에너지 관련 정당들이 활동하는데 한동훈은 무슨 수로 구도를 깨겠다는 것인가? 한동훈은 국제뉴스를 전혀 안 보는 것인가?

지난 6월 6~9일 동안 유럽 의회 선거가 있었다. EU 의회를 구성하는 것으로 유로 소속 각 국가의 정치 성향이 비슷한 정당들끼리 연합 정당을 만들어 각 국가에서 후보들을 배출해 치뤘는데 가장 크게 패배한 정당이 Greens/EFA(녹색당/유럽자유동맹)이었다. 51석으로 지난 선거보다 20석이 감소했다. 이로 인해 신재생에너지 확산에 제동이 걸렸다.

원전과 신재생에너지 양쪽을 모두 활용하는 것은 정치인의 몫이 아니라 과학자들의 몫이다. 정치인은 주어진 상황에서 효율적인 것을 선택하는 데 불과하다. 신재생에너지가 비효율적이면 억지로 비율을 늘릴 필요가 없다. 세계적 추세가 원전의 확산인데 신재생에너지를 언급한 것이야말로 쉽고 이기적인 발언이자 원전 수출국 대한민국에 피해가 되는 발언이다.

기껏 묘수라며 내놓은 채상병 특검 추진

대체로 발표문이 무난하다고 느꼈는지 한동훈은 승부수를 하나 띄운 것 같다. 채상병 특검을 국민의힘이 추진한다는 것이다. 민주당이 제안한 특검은 비판하면서 국민의힘이 추진한다는 것인데 조삼모사나 다름 없다.

우선 민주당이 국민의힘의 특검 요구를 받아주겠는가? 게다가 이런 제안을 하면 국민의힘의 저자세로 나온다는 것을 갖고 민주당이 더욱 밀어붙이거나 이를 활용해 가지고 놀려고 할 것이 아닌가?

국회에서 다수의 민주당 국회의원들의 공격을 모두 되받아쳐 낸 조선제일검 한동훈의 패기는 어디로 갔는가? 기껏 기삿거리로 올릴 만한 것으로 내놓은 게 들어먹지도 않을 채상병 특검인가? 이런 모습을 지지자들이 좋아할까? 한동훈에게 민심은 무엇인가? '국민-지지자=민심' 이라는 것인가?

어이없는 멜로니 이탈리아 총리 언급

한동훈은 청년 정치의 사례를 언급하며 독일의 헬무트 콜 총리, 프랑스의 마크롱 대통령 그리고 이탈리아의 조르지 멜로니 총리를 언급했다. 셋 모두 청년 시절부터 정치에 입문했다는 공통점은 있다.

다른 정치인들은 그렇다고 쳐도 중도 확장과 정치 구도를 타파하겠다고 말한 한동훈 전 장관이 멜로니를 언급하는 것에 필자는 배꼽을 잡고 폭소했다.

필자는 멜로니를 싫어하지 않지만 멜로니는 19살이던 1996년도에 프랑스 언론과의 인터뷰에서 무솔리니를 찬양했던 인터뷰를 했다. 그 당시 그녀는 이탈리아의 파시스트 정당에서 활동했었다. 물론 과거의 생각이며 지금은 아니라는 답변을 했지만 멜로니 총리의 정치 이력은 한동훈이 말한 중도 확장으로 총리가 된 것이 아니다.

점입가경은 우리 당은 이제 콜을 마크롱을 멜로니를 키워내야 한다는 발언이었다. 아니 이민청 설립을 추진했던 한동훈 전 비대위원장이 이민 반대를 주장하여 총리가 된 멜로니를 키워야 한다니 얼마나 웃긴 일인가?

한동훈은 그저 멜로니에 대해 10대 때부터 정치를 시작해서 서

른이 되기 전에 하원의원이 되었다는 사례를 들었다. 과연 한동훈은 멜로니의 이력을 알면서 자신의 출마 낭독문과 어울리지 않아 일부러 숨기고 말을 안 한 것인지, 흔한 얼치기들처럼 젊은 여성 총리라는 것만 알고 혹해서 적절성을 고려 않고 언급한 것인지 심히 의문이 든다. 아마 멜로니(Meloni)를 자꾸 멜라니라고 말한 것을 보아 후자에 가깝지 않았나 추측해 본다.

청년을 향해야 한다면서 청년들이 싫어하는 이민정책을 추진했고, 중도를 지향한다면서 오히려 파시스트 정당 출신의 정치인을 키워야 한다고 언급하고, 수도권 출신도 아니면서 대구, 부산을 자주 다녔으면서 수도권을 언급하는 한동훈의 정치 행보는 국회에서 거침없었던 화려한 입과 반비례하게 될 것 같다.

최성환 빅픽처 대표

2024. 06. 24.

11 한동훈만 빼고

6월 20일 원희룡 전 의원의 당 대표 출마 선언 이후, 국민의힘 당 대표 선출과 관련해 누가 적합한지에 대한 전화를 받았다. 아직 깊게 고민하지는 않았지만, 확실한 것은 한동훈만은 절대 안 된다는 생각이다.

현재 거론되는 후보 중 안철수, 유승민, 김재섭 등은 불출마를 선언했다. 그렇다면 남은 후보는 출마 선언을 한 원희룡, 윤상현, 23일 출마를 선언할 예정인 나경원, 그리고 캠프를 차린 한동훈으로 압축된다. 결국 원희룡, 나경원, 한동훈의 3파전이 될 가능성이 높다.

한동훈 전 비대위원장이 당 대표로 적합하지 않은 이유는 다음과 같다.

총선 패장의 책임

한동훈은 4·10 총선에서 국민의힘의 대패를 이끌었던 인물이다. 총선 패배 다음 날 그는 "모든 책임을 지고 물러난다"고 했지만, 3개월도 지나지 않아 다시 당 대표 자리에 도전하려 하고 있다. 이는 마치 밤무대 가수가 싸이키 조명을 그리워하며 무대에 서려는 것과 다르지 않다.

제22대 총선에서의 대패는 윤석열 대통령의 책임도 있지만, 공천과 선거 전략, 선거 자금 사용에 전권을 행사했던 한동훈 전 비대위원장의 책임이 더 크다.

국민의힘 정체성과 맞지 않는 주변 인물들

한동훈의 주변에는 국민의힘 정체성과 맞지 않는 인물들이 다수 포진해 있다. 진중권, 김경률, 함운경, 김형동, 신지호, 김종혁 등이 그 예이다. 이들은 국민의힘의 발전에는 관심이 없으며, 오로지 권력을 잡는 데만 목적이 있다.

채 상병 특검과 김건희 특검 문제

한동훈 전 비대위원장의 약발은 채 상병 특검과 김건희 특검을 받아들일 때 비로소 나타난다. 만약 그가 이를 받아들이지 못한다면, 박근혜 정권 시절의 황우여 전 대표처럼 역할이 축소될 것이다.

한동훈 당 대표 선출 후 예상되는 시나리오

이재명 대표 뒤에 경기동부연합이 있다면, 한동훈 전 비대위원장 뒤에는 북유럽식 사회민주주의를 꿈꾸는 진중권 같은 핑크 세력들이 있다. 이들의 목적은 하루빨리 한동훈을 앞세워 권력을 잡는 것이다.

이들은 국민의힘의 정체성이나 발전에는 관심이 없다. 다만 문재인과 이재명 세력에게 팽(烹) 당한 억울함을 국민의힘 접수를 통해 해소하려는 목적을 가지고 있다.

한동훈과 윤석열 대통령 간 갈등의 심화

만약 한동훈 전 비대위원장이 당 대표가 되어 채 상병 특검과 김건희 특검을 받아들인다면, 윤 대통령의 거부권은 무력화된다. 국민의힘 내 친한 의원 8명 이상이 대통령의 재의 요구권에 찬성하면, 특검법 거부권은 사실상 무효화된다. 이로 인해 윤 대통령은 통치 불능 상태에 빠지고 하야(下野)를 해야 할 상황이 발생할 수 있다.

한동훈의 정치적 위험성

한동훈이 대통령이 된다면, 야당과 협력해 5·18을 헌법 전문에 게재하고 유럽식 사회민주주의 권력 제도를 실행하려 할 가능성이 크다. 이러한 변화가 대한민국에 긍정적 영향을 미친다면 좋겠지만, 이는 포퓰리즘으로 이어져 결국 나라를 망칠 위험이 크다.

윤석열 대통령과의 비교

윤석열 대통령이 아무리 미흡하더라도, 이재명과 문재인보다 낫다는 사실은 명백하다. 한동훈은 윤 대통령의 발끝에도 미치지 못하는 인물이며, 싸이키 조명을 좋아하는 밤무대 가수 같은 존재일 뿐이다.

이번 국민의힘 전당대회는 당의 정체성과 미래를 결정짓는 중요한 순간이다. 국민의힘이 나아갈 방향을 위해, 한동훈만은 반드시 배제되어야 한다.

● 한동훈은 강감찬이 아니었다

이유는 첫째, 패장이어서다. 강감찬은 1019년 귀주대첩에서 거란군에 대승을 거둬 나라를 구했지만 국힘 총괄선거대책위원장 한동훈은 보수 궤멸에 가깝게 참패했다. 물론 그에게 패배의 가장 큰 책임이 있다고는 생각지 않는다. 윤석열 대통령은 인정하(고 싶)지 않겠으나 총선 결과를 좌우하는 것은 결국 대통령 지지도다. 이번 역시 정권 심판론이 먹혀들었다. 한동훈이 아니었다면 더 크게 졌을 공산이 크다.

그럼에도 한동훈에게 두 번째로 큰 책임이 있음은 부인 못한다. 심지어 석달도 안 돼 다시 나서는 건 '책임 정치'라 할 수 없다. 패장은 깨끗이 물러나고 다음 지도자에게 기회를 주는 것이 정치적 도리다. 2020년 총선 패장 황교안도, 2016년 김무성도 그랬다. 1997년 대선에서 패한 이회창 대통령 후보도 1년 반이 지나서야 당 총재로 복귀했다. 2004년 총선 패배 직후 박근혜 당 대표가 나오긴 했으나 그때는 노무현 대통령 탄핵 역풍에 따른 괴멸적 참패를 막은 경우였다.

안다. 이런 정치문법을 깬 야당 지도자가 있다는 걸. '민주당의 아버지'라는 이재명이 대선 패배 두 달 만에 보선 금배지를 달았고 다섯 달여 만에 당 대표까지 됐다. 그러나 그건 이재명 사법 리스크가 그만큼 심각하다는 의미다. 자숙과 자성이라는 잠깐의 책임지는 시간도 마다하는 패장이 '뉴노멀'이 될 순 없다. 그걸 본받아서야 설령 한동훈이 당 대표가 된들 어떻게 이재명의 무책임 정치, 뻔뻔한 뉴노멀을 비판할 수 있겠나.

● 제2의 6·29선언도 못한 정치력

한동훈에 반대하는 두번째 이유는 정치력 결핍 때문이다. 윤 대통령 지지율이 바닥을 긴다 해도 일단 한동훈이 책임을 맡았으면, 대통령과 담판을 해서라도 전략을 짜내야 했다. 지지층이 기대했던 것도 1987년 6·29선언으로 대선에서 승리한 노태우 모델이었다.

그때나 지금이나 윤 대통령의 가장 큰 리스크는 부인 문제다(물론 채 상병의 억울한 죽음과 특검 문제도 시시각각 목을 조여 오겠지만 그건 자업자득이다). 대통령이 가장 아끼고 사랑하는 바로 그 사람이 대통령의 '공정과 상식 브랜드'를 우습게 만들면서 용산과 국민 사이를 찢어놓는 건 우리시대 비극이자 아이러니가 아닐 수 없다.

총선 총괄선대위장 한동훈은 김 여사 디올백 문제부터 풀고 넘어가야 했다. 사과 없이 선거 못 치른다는 소리가 빗발치는데도 한동훈은 "아쉬운 점, 국민이 걱정할 만한 부분이 있다"(1월 18일) "국민 눈높이에서 생각할 문제"(19일) 발언이 고작이었다. 오히려 몽둥이는 대통령이 들었다. 한동훈은 비대위원장 사퇴 요구를 거부하며 맞서는 모습을 보였지만, 그게 끝이다.

차라리 약속대련이면 좋았을 거다. 한동훈은 제2의 6·29선언을 연출해 '아름다운 뒤통수 치기'는커녕 23일 충남 서천시장에서 대통령께 90도 폴더인사를 바침으로써 김 여사 문제를 덮고 말았다. 그랬던 한동훈이 다시 당 대표가 된다고 윤 대통령에게 할 말 할 수 있겠나. 아직도 살아있는 김 여사 리스크를 풀 수 있는가.

● 팬덤과 유세뽕에 넘어갈 텐가

그럼에도 한동훈이 당 대표에 나서는 건 팬덤까지 형성된 지지율 덕분일 터다. '장래 정치 지도자'를 묻는 갤럽 여론조사에서 한동훈은 2022년 9월부터 지금까지 보수우파 측 대통령감으로 부동의 1위다(전체적으로 보면 더불어민주당 이재명 대표가 1위. 21일 조사에서 오세훈 서울시장 36%, 조국 조국혁신당 대표 35%, 이재명 33%, 한동훈 31%로 나온 것은 '정계 인물 호감도'였다). 가히 국민의 부름에 응답하는 것이라고 함직하다.

한동훈이 나서면 안 되는 세 번째 이유가 그 팬덤 때문이다. 잘 자란 강남 8학군 '엄친아'(엄마친구 아들) 73년생 한동훈은 그래서 70대와 60대, 직업별로는 가정주부 사이에서 제일 인기많다. 머리 회전과 말이 빠른 초(超)엘리트라고 자신해선지 남의 말을 안 듣는다고 한다(윤 대통령이 대화의 90%를 점한다면 한동훈은 95%라는 소리도 있다). 그러면서도 총선 유세는 여의도 전철역처럼 쎄한 곳 아닌 시장통

같은 사람 많은 데를 주로 찾았으니 '유세뽕'을 잊지 못해 또 나서는 게 아닌가.

물론 우리도 선진국이 된 마당에 고난의 서사에서 감동받는 촌스러움은 벗어날 필요가 있다. 쿨하고 똑똑한 정치인이 대선에서 패하고도 주식투자나 하는 철면피 정치인보다는 낫다고 본다. 그러나 적과의 동침은커녕 동료시민들과 밥도 잘 안 먹는 깔끔함으론 사람을 모을 수 없다. 패장이 방방곡곡 민생투어도 아니고, 소외지역 법률상담도 아니고, 서초구 공공도서관에서 핑크빛 골전도 이어폰 끼고 책이나 보는 모습이 셀피처럼 찍혀 퍼진 것은 … 얄팍하다.

● 웰빙당을 이기는 정당으로?

기어이 당 대표에 나설 결심인 한동훈이 윤 대통령에게 "이기는 정당을 만들겠다"고 전화로 말했다고 한다. 헹. 비대위원장 때 못 만들어 물러났던 패장이(제1 책임자는 아니라고 앞에 썼다) 이제 와 무슨 수로?

명색이 집권당으로서 총선 참패를 했으면, 다그리 국회 들어가 쌈닭처럼 물어뜯어도 모자랄 판이다. 문재인 정권 시절 임대차3법을 밀어붙이는 다수여당에 맞서 윤희숙 당시 국힘 의원이 "저는 임차인입니다" 연설로 감동을 줬듯, 방법은 얼마든지 있다. 그럼에도 국힘은 폭망 뒤 의총을 열어도 점심 시간 전 칼같이 끝내는 웰빙귀족정당 본색을 드러냈다(세비 반납하라. 혈세가 아깝다).

더구나 대통령 의중은 명백하다. 친윤 원희룡 전 국토교통부 장관이 20일 '당정일체'를 내걸고 전격 당 대표 경선 출마를 밝혔다. 윤 대통령은 여당 장악을 포기할 수 없는 것이다. 감히 김 여사를 물어뜯으려 했던 한동훈은 용납될 수가 없는 것이다.

● "대통령 부부도 법치 예외 될 수 없다"

차라리 잘 됐다. 이로써 한동훈은 더 이상 눈치 보지 않고 분명히 색깔을 드러낼 수 있게 됐다. 23일 경선 출마 때 김 여사와 채 상병 문제 처리에 대해 "국민 눈높이에 따라…" 정도로 답해선 기대만 무너뜨릴 뿐이다. 민심이 당심이고 그것이 윤심이어야 한다는 짱짱한 반골 체질을 드러내야 한다. 윤 대통령의 무너진 공정과 상식을 바로잡는 '반(反)부패'가 한동훈의 브랜드이길 바란다.

대통령 부부도 법치의 예외가 될 수 없다는 선명한 차별화로 당 대표가 된다면, 한동훈은 이명박 정부 때 박근혜 같은 '정권

교체'를 내걸고 정권 재창출에 매진할 수 있을 것이다. 친윤 후보에 밀려 떨어진다면, 더욱 잘 됐다. 한동훈은 '여당 내 야당' 역할로 정치력을 길러 정권 재창출도 가능할 수 있을 것이다.

2022년 8월 법무부 장관 시절 신임검사들과의 강화를 기억하는가. 한동훈은 "검사로서 인생이 초라해지는 건 뭐냐면, 소신을 가지고 내가 관철했는데 답이 틀렸을 때"라고 했다. "기회는 여러 번 오지 않는다. 그러니까 굉장히 잘 준비하고 실력을 갖추는게 그만큼 중요하다"고도 강조했다. 정치인은 더욱 그렇다. 한동훈은 굉장히 잘 준비하고 실력을 갖추었는가.

2024. 06. 21.

12 이름 자체가 흉기

필자는 한동훈을 비판하는 이유가 그가 채 상병 특검법을 찬성해서가 아니다. 채 상병 특검을 진행해봐야 법적으로 전혀 문제가 될 것이 없으며, 윤석열 대통령의 격노도 최고통수권자로서 할 수 있는 일로 직권남용에 해당하지 않는다.

진짜 문제는 한동훈이 보수 괴멸을 초래할 흉기와 같은 존재라는 점이다.

강도가 흉기를 들고 설치는 것만이 강도 행위는 아니다. 과거 김태촌과 조양은처럼 이름 석 자만 내보이며 "나 김태촌이요", "나 조양은이요"라고 위협하는 것도 흉기다.

한동훈의 발언과 문제점

한동훈은 오늘 "대통령 직관을 가진 분"이라며 "탄핵 공세를 막을 것"이라고 말했다. 이는 마치 김태촌과 조양은이 "나 앞으로 강도짓 안 하겠다"고 말하는 헛소리와 다를 바 없다.

지난 몇 달 동안 한동훈이 행한 일과 그를 돕는 인물들을 보라.

진중권, 김경률, 신지호, 함운경, 김형동, 한지아 등은 보수 본류는커녕 주변부에서도 존재하지 않던 사람들이다. 여기에 더해 민주당에서 담 너머 넘어온 이상민, 김영주 등이 각종 매체에 출연하며 분위기를 조성하고 있다.

국민의힘 내부에서도 김대중 전 대통령을 추종하는 세력들이 둥지를 틀고 있다. 이들은 보수를 말아먹을 흉기 같은 존재들이다.

좌파는 좌파를 잘 안다

박지원 전 의원은 "한동훈은 곧 김건희 특검도 하자고 할 것"이라고 말했다. 좌파는 좌파를 잘 알기에 이런 말을 할 수 있다. 박 전 의원 자신도 그런 정치 인생을 살아왔기에 이를 잘 알고 있을 것이다.

만약 한동훈이 아닌 다른 당 대표 후보가 채 상병 특검법을 하겠다고 한다면 한 번 들어볼 수는 있다. 그러나 한동훈이 하겠다고 하는 것은 다르다. 그는 70년 전통의 보수 가치를 말아먹는 흉기와 같은 존재다.

양의 탈을 쓴 늑대, 그리고 흉기로서의 언변

한동훈은 양의 탈을 쓴 늑대다. 그의 입은 흉기와 같다. 보수의 가치를 지키기 위해서라도 한동훈은 국민의힘 당 대표로 적합하지 않다.

한동훈의 정치적 행보는 보수의 미래를 위협할 수 있다. 보수의 전통과 가치를 수호하기 위해, 그를 강하게 비판하는 것은 필연적이다.

2024. 06. 24.

13 한동훈의 잘못된 차별화

지난 13일, 한동훈 전 국민의힘 비대위원장이 주변 사람들에게 "윤 대통령과 아름답고 멋지게 차별화하겠다"고 말했다는 소식이 전해졌다. 이를 두고 언론들은 "한동훈과 윤석열 대통령은 공동체가 아니기에 채상병 특검을 받을 것"이라고 분석하며, 한동훈의 행보가 윤 대통령을 밟고 권력의 중심부로 다시 진입하려는 의도로 해석했다.

뚜렷한 정치 철학이나 가치 없이 권력의 단맛을 본 정치인들은 종종 권력자와의 차별화만이 자신을 부각시키는 방법이라고 생각한다. 국민의힘에서 팽(烹) 당한 이준석이 그 대표적인 사례다. 정치를 협력과 비전의 제시가 아닌 싸움에서 이기는 게임으로만 여긴 결과, 당 내부의 분열과 불신을 초래했다.

차별화의 의미와 한동훈의 해석

사전적 의미에서 차별(差別)이란 "둘 또는 여럿 사이에 차등을 두어 구별함"을 뜻한다. 영어로는 'differentiation'으로 번역되며, 여기에는 차이(difference)와 새로운(new)의 두 가지 요소가 있다.

차이는 두 사물 간의 다름을 의미하고, 새로운 것은 창조적이고 신선한 것을 뜻한다. 그러나 한동훈이 추구하는 차별화는 무엇인가. 그의 행보를 보면 차이도, 새로운 것도 발견하기 어렵다.

그가 윤석열 대통령에 대해 비판하고 견제하는 것을 차별화라고 여긴다면 이는 착각이다. 이는 정치적 전략과 판단의 문제일 뿐, 창조적인 차별화와는 거리가 멀다. 특히, 채상병 특검과 김건희 특검을 차별화의 도구로 삼으려는 태도는 법 질서와 정치적 판단을 혼동한 것이다.

또한, 언론의 조회수를 늘리기 위해 용산과 국민의힘을 이간질하려는 일부 보도 내용을 그대로 수용해 이를 국민의 뜻이라고 착각하는 것도 큰 오산이다. 이것이 혁신과 개혁의 수단이라고 생각한다면 이는 오판일 뿐이다.

한동훈과 윤석열 대통령의 차이

윤석열 대통령과 한동훈은 정치 입문 과정부터 살아온 환경까지 완전히 다르다. 윤 대통령은 국민의힘 지지자들의 부름을 받아 정치에 입문했고, 국민의힘 대선후보로 정권 교체를 이뤄냈다. 반면, 한동훈은 윤석열 대통령에 의해 법무부 장관과 국민의힘 비대위원장에 임명되었을 뿐, 국민적 지지 기반을 바탕으로 정치에 뛰어든 인물이 아니다.

윤 대통령은 박근혜·문재인 정권과의 치열한 싸움을 통해 헌법 수호와 법치 실현에 기여했다. 서울중앙지검장 시절 두 전직 대통령을 구속시키며 권력에 맞섰다. 그러나 한동훈은 법무부 장관 시절 문재인 전 대통령을 소환조사조차 하지 않았고, 이재명 대표에 대해서는 압수수색 한 번 제대로 하지 못해 법원에서 구속영장이 기각되는 수모를 겪었다.

그 결과, 국회 체포동의안에 찬성했던 비명계 의원들은 총선에서 참패하며 정치적으로 큰 손실을 입었다.

한동훈 주변의 머저리들

윤 대통령은 보수우파 인사들을 주변에 두고 정권 교체를 위해 올인했지만, 한동훈은 진중권, 김경률, 함운경 같은 전향하지 않은 좌파들과 정치적 색채가 불분명한 인물들로 둘러싸여 있다. 한동훈과 함께 총선에서 대패한 첫목회 회원들과 같은 이들이 그의 대통령 만들기에 노력하고 있으니, 국민적 신뢰를 얻기는 어려워 보인다.

차별화 없는 차별화

한동훈의 차별화는 윤 대통령과의 차이도, 새로운 것도 보여주지 못한다. 고양이가 호랑이 행세를 하려는 모습처럼 보일 뿐이다. 그는 윤 대통령과 같은 무게감도, 국민적 신뢰도 갖추지 못했다.

한동훈이 가야 할 길은 정치가 아닌, 대형 로펌에서 일하는 것이다. 그가 가야 할 길은 이내와 함께 대형 로펌에서 일하는 일이다. 아니면 고기맛(권력맛)이 그리우면 개혁신당내지는 조국혁신당으로 가는 일이다.

2024. 06. 14.

14 한동훈은 국민의힘 사람이 아니다

필자는 처음부터 한동훈 비대위원장의 취임 자체를 반대했지만, 일단 그의 능력을 믿고 총선까지는 비판을 자제하기로 했다. 지금까지 참고 또 참아왔지만, 이제는 더 이상 침묵할 수 없다.

총선 패배의 책임은 한동훈에게 있다

필자는 윤석열 대통령과 한동훈 비대위원장(이하 한동훈) 모두 잘못했다는 식의 양비론을 거부한다. 이번 총선 참패의 책임은 오로지 한동훈에게 있다.

한동훈이 사용하는 언어와 행동은 전통적 보수 가치와는 거리가 멀었다. 보수의 가치는 헌법 수호와 법치 실현이다. 윤석열 대통령은 이러한 가치를 내세우며 수많은 어려움을 극복하고 대통령이 되었다. 마찬가지로, 이명박 전 대통령과 박근혜 전 대통령도 여러 논란 속에서도 보수의 지지를 얻어 대통령에 당선되었다.

그러나 한동훈은 총선을 앞두고 수많은 어려움을 극복하려는 노력조차 하지 않았다. 오히려 김경률을 앞세워 용산에 총질하는 모습을 보였다.

보수가 지켜야 할 가치와 한동훈의 실패

보수의 지도자는 미래를 포기하고 현재에 충실해 정권과 당을 구해야 한다는 사명감을 가져야 한다. 그러나 한동훈은 그러지 않았다.

말싸움만 잘한다고 지도자가 되는 것은 아니다. 단지 젊다는 이유로 보수의 희망이 될 수는 없다. 과거 김영삼 전 대통령은 토론에서 강점을 보이지 않았지만, 결국 김대중 전 대통령과의 경쟁을 통해 대통령이 되었다.

또한, 나이 80이 넘은 조 바이든 대통령과 80에 가까운 도널드 트럼프 전 대통령은 치열한 정치적 혈투를 벌이고 있다. 이들은 젊은 청년들보다 더 열정적이고 투쟁적이다.

한동훈은 국민의힘의 사람이 아니다

한동훈은 더 이상 국민의힘의 사람이 아니며, 될 수도 없다. 한동훈 정도의 인재는 국민의힘 내부에 수없이 많다.

보수의 미래를 위해, 한동훈은 당 대표로서의 자격을 다시 한 번 성찰해야 할 시점이다. 단지 젊음과 말솜씨로는 보수의 가치를 지킬 수 없다.

2024. 06. 15.

15 한동훈의 '어대한', 그 참을 수 없는 가벼움

'어대한'은 모욕적이고 모순적이다.

지난 6월 17일 KBS 라디오 〈고성국의 전격시사〉에 출연한 국민의힘 이철규 의원은 '어대한(어차피 당 대표는 한동훈)'에 대해 당원들에 대한 모욕이라는 발언을 했다. 정확히는 당원의 의사결정권을 모독한 것이라고 말했다.

심지어 이날 발표된 한국갤럽 여론조사에서 국민의힘 지지층에서 59%를 기록했던 한동훈 후보는 열흘 후 동일 조사기관에서 발표한 여론조사에서 17% 하락한 42%를 받았다. 선거가 다가올수록 '어대한'이라는 단어가 무색하게 격차가 좁아지고 있다. 당시 이철규 의원이 말한 대로 선거의 결과는 뚜껑을 열어봐야 알 수 있는 상황이다.

지난 2일에는 국민의힘 총선백서특별위원장인 조정훈 국회의원
이 MBC 〈김종배의 시선집중〉에 출연하여 '어대한' 주장하는 사
람들을 트루먼쇼에 사는 사람들이라며 비판했다.

이어 그는 정말 '어대한'이면 일방적인 결과라 언론에서 전당대
회에 관심을 끊고 다른 이슈를 찾아야 하지 않냐며, 언론의 높은
관심도가 바로 '어대한'이 아니란 반증이라고 주장했다.

'어00' 시리즈의 기원이었던 '어우송(어차피 우승은 송민호)'은 애초에
우승이 유력한 후보에게 프레임을 씌워 부담감을 주려는 조롱이
들어간 심리전이었다. '어대한'을 지지자들이 외치고 다니는 것과
정반대의 시작이었다.

1년 전 〈쇼미더머니 3〉에서 YG 소속의 아이돌 그룹 'IKON'
의 래퍼 바비가 우승하고 나서 같은 소속사의 다른 아이돌 그
룹 'WINNER'의 래퍼 송민호가 〈쇼미더머니 4〉에 나올 때부터
유력한 우승 후보로 점쳐졌다. 다른 래퍼들과 다르게 대형 소
속사 YG를 끼고, 아이돌 신분으로 팬덤도 갖추고 있었기에 유
력하게 여겨진 것이다.

이를 2차 예선 때 경쟁하던 래퍼 블랙넛이 자신의 경연 마지막
에 '어차피 우승은 송민호'라는 벌스를 내뱉었다. 그리고 이 전
략은 송민호에게 도리어 부담을 주게 되었다. 자신의 노력과 역량

이 단지 대형 기획사와 팬덤 등의 배경으로 모든 게 무시당하는 기분이 들었다고 한다. 흔히 부잣집에서 태어나서 부유했던 사람들이 가지는 콤플렉스로 강남좌파 코스프레와 비슷한 심리이다.

결국 송민호는 또 다른 실력자 배이식과의 결승전에서 준우승을 기록했으며 그를 먼저 저격했던 블랙넛은 3위를 했다. '어우송'의 송민호처럼 '어대한'의 한동훈도 1등이 아닌 2등을 한다면 전당대회가 흥행으로 끝나지 않을까? 한동훈 지지자들이 도리어 한동훈보고 1등 하지 말라고 계속 '어대한'이라고 외치는 것 같다.

무식하거나? 오만하거나? 대깨문보다 못한 한빠들

지난번 삼국지 게임을 즐겼다는 한동훈 뉴스 기사의 댓글들을 보면 한동훈을 응원하는 사람들은 일절 게임 관련 얘기는 안하고, 한동훈 응원한다는 댓글들만 달려 있었다. 반면에 젊은 층이 많이하는 커뮤니티에서 비판적인 내용들이었다.

리그 오브 레전드나 이전에 유행했던 스타크래프트보다 더 오래전부터 출시된 일본 코에이(KOEI) 회사의 삼국지 게임을 모르는 한동훈 지지자들의 무지성 응원 댓글들을 보니 그들이 어떻게 '어대한'의 기원을 알고 있겠냐는 생각이 들었다.

기원은 몰라도 정치에 관심이 있다면 지난 2017년 대선 때 '어대문(어차피 대통령은 문재인)'을 대깨문 스스로가 자제했던 사례는 보고 배워야할 것이다.

경선에서 안희정, 이재명을 과반수 넘는 득표로 이긴 후 가장 큰 경쟁자였던 안철수의 지지층이 흩어지자 '어대문'이라는 구호를 스스로 외치기 시작했다. 당시 서울대 교수였던 조국은 위기감을 느끼고, 2017년 4월 19일 자신의 트위터에 이런 글을 남긴다.

"어대문(=어차피 대통령은 문재인)" 구호는 지지자 내부용으로는 몰라도, 대외용으로는 사용되지 않으면 좋겠다. 오만해 보일 수 있다. 긴장을 늦추게 만들 수 있다. 이보다는 "투대문(=투표해야 대통령은 문재인)"이 좋다.

선거 끝날 때까지 지지자들의 안일함을 막기 위한 조국의 탁월한 정무적 감각을 볼 수 있다. 선거를 앞둔 당시의 문재인 지지자들보다 지금의 한동훈 지지자들의 건방이 심각하다는 걸 알 수 있다.

총선 때나 지금의 전당대회나 언론 인터뷰에 공기 중으로 가볍게 날아가 버리는 말뿐인 전략부재 원탑 선거의 한동훈처럼, 한동훈 지지자들도 묵직하지 못하고 가볍게 선거를 생각하고 자꾸 '어대한'만 외치면 당일 승리의 주인공이 아니라 또 다른 기적의 재료이자 제물로 남게 될 것이다.

2024. 07. 03.

141

16 한동훈·이원석이 원흉

2022년 대선에서 윤석열 대통령을 지지했던 유권자 중 약 350만 명이 22대 총선에서 기권했다.

그 이유는 여러 가지가 있지만, 가장 큰 이유는 문재인 전 대통령과 이재명 대표를 왜 구속시키지 못하느냐는 불만이다. 윤 대통령이 문재인 전 대통령과 결탁하여 그를 처벌하지 않는다는 오해가 확산된 것이다.

윤 대통령은 애초부터 이원석 검찰총장 임명에 탐탁치 않은 입장을 보였던 것으로 알려져 있다. 사실 윤 대통령과 이원석 검찰총장은 특별한 인연이 없었다. 그럼에도 한동훈 전 법무부 장관은 연수원 동기이자 호남 출신인 이원석을 강력히 추천하며 임명을 밀어붙였다고 전해진다.

박근혜 전 대통령이 채동욱을 검찰총장에 임명해 탄핵 사태로 이어졌듯이, 이번 총선 대패의 원인은 이원석 검찰총장 임명에서부터 시작되었다고 해도 과언이 아니다. 물론 최종 책임은 인사권자인 윤 대통령에게 있지만, 모든 책임을 그에게 묻는 것은 과도하다. 대통령의 역할은 화장실에 화장지를 걸어놓는 정도이지, 뒤처리까지 할 수는 없기 때문이다. 뒤처리의 임무는 한동훈과 이원석의 몫이었다.

다음은 한동훈과 이원석이 보수우파의 원흉으로 지목되는 이유를 살펴본다.

1. 이재명에 대한 압수수색 한번 하지 않았다

2022년 3월 9일 대선에서 윤석열 후보가 대통령에 당선되었고, 5월 한동훈은 법무부 장관에 임명되었다. 당시 검찰총장은 공석 상태였으며, 이원석 검찰차장이 총장 직무대행을 맡았다. 이후 이원석은 2022년 8월 18일 초대 검찰총장으로 지명되었고, 9월 16일 정식 임명되었다.

이 시기는 이준석 대표의 난동으로 윤 대통령이 곤경에 처했던 때다. 반면, 대선에서 패배한 이재명은 2022년 6월 1일 계양을 보궐선거에 출마해 당선된 후, 8월 당 대표 선거에서도 당선되었다. 특히, 2022년 5월 9일부터 6월 1일까지는 이재명을 옥죌 수 있는 절호의 기회였다. 그러나 한동훈과 이원석은 이 기회를 놓쳤다.

검찰 인사를 장악한 두 사람은 이재명에 대한 압수수색조차 하지 않았다. 압수수색영장을 발부했다면 당시 분위기상 법원이 기각하지 못했을 것이다. 심지어 이재명의 측근인 배 모 씨와 김 모 씨의 재산 축적에 대한 조사도 이루어지지 않았다. 정치인과 재벌회장의 횡령 사건에서 여성이 중심에 있다는 수사의 기본 원칙도 망각한 무능을 드러냈다.

박영수 특검이 최서원의 재단 설립을 통해 돈을 횡령했다고 수사했던 것과는 완전히 다른 태도였다. 이로 인해 국민적 분노는 커졌고, 결국 2023년 9월 27일 법원이 이재명 구속영장을 기각하는 사태로 이어졌다.

보수우파 일각에서는 영장판사를 좌파라며 비난했지만, 정작 한동훈을 열렬히 지지하는 세력이 이러한 사태를 만든 주범이라는 점에서 아이러니하다.

2. 문재인 정권의 적폐 청산 실패

이번 22대 국회의원 총선에서 국민의힘이 참패한 이유 중 하나는 문재인 정권이 남긴 적폐를 제대로 청산하지 못한 점이다. 문재인 정권의 검찰은 5년 동안 약 270명의 박근혜 정부 고위 관료를 구속 또는 기소하여 죄인으로 만들었다. 당시 수사의 핵심 인물이 한동훈이었다. 그러나 윤석열 정권에서는 문재인 정권의 고위 인사들을 구속한 사례가 극히 드물다.

문재인 정권의 부정선거 개입, 서해 공무원 피살 사건, 북한 어부 강제 송환, 탈원전 정책 등과 관련해 문재인을 소환 조사조차 하지 않았다. 또한 라임, 옵티머스, 우리들병원 1,000억 원대 부정 대출 의혹도 철저히 파헤치지 않았다.

문재인 전 대통령의 사위 서 모 씨의 특혜 채용 의혹과 관련해 자택 압수수색만 했을 뿐, 이후 진척은 없었다. 이스타항공의 설립 자금 의혹과 관련한 조사도 미진했다.

이러한 무능은 결국 윤석열 정권을 실패로 이끌었고, 보수우파의 신뢰를 잃게 만들었다.

검찰이 초기에 문재인 전 대통령과 이재명 대표, 그리고 그 측근들에 대한 압수수색을 단행하고 핵심 증거를 확보했다면 오늘날 상황은 달라졌을 것이다. 그러나 한동훈과 이원석의 검찰은 권력에 취해 사태의 심각성을 인지하지 못했고, 그 결과가 오늘날의 총선 참패로 이어졌다.

한동훈과 이원석의 검찰은 보수우파를 배신했으며, 그들은 더불어민주당의 검찰개혁 주장에 힘을 실어준 셈이 되었다. 보수우파는 이들의 무능에 속아 넘어갔다.

2024. 07. 16

17 한동훈 효과는 없다

국민의힘은 7·23 전당대회 이후 컨벤션 효과를 누리지 못하고 있다. 홍준표 시장 말대로 총선 말아먹은 사람이 대표가 됐으니 말이다.

리얼미터의 전당대회 직전인 7월22일 발표한 국민의힘 정당지지도는 42.1%다. 그러나 전당대회 직후인 29일 발표한 조사에서는 3.7%가 하락한 38.4%로 조사됐다. 되레 윤 대통령의 국정지지도는 34.5%에서 0.2% 상승한 34.7%를 기록했다.

리얼미터뿐만 아니라 비슷한 시점에 조사하고 발표한 데일리안(여론조사 공정), 뉴스토마토(미디어토마토), 여론조사 꽃도 1.3%와 1.8%, 5.6% 각각 하락한 것으로 나타났다.

한동훈 효과는 어디에도 없다.

전당대회 전 한동훈 칭송에 여념이 없던 조중동과 진보좌파성향 매체들도 요즘은 조용하다.

한동훈 대표가 지난 8월1일 "변화와 민심 받들겠다"라고 말했다. 한동훈 대표는 당 대표 선거과정에서 '외연확대', '변화와 쇄신'이라는 말을 자주 사용했다.

한동훈 대표의 말은 권력장악을 위한 선동적인 말로 피부에 와닿지 않는다.

일단 한동훈 대표는 지난 총선에서 국민의힘이 왜 대패했는지를 모른다. 그저 윤석열 대통령 책임이 크다고 생각하고 자신도 피해자라고 생각하고 있는 것이다.

그러나 공천과 선거대책 전권을 행사한 사람이 그저 윤석열 대통령의 탓이라며 윤 대통령과의 '차별화'가 변화의 시작이라고 생각하면 이준석 전 대표꼴 난다.

또한 변화와 외연확대가 진중권, 김경률 등 오갈 데 없는 핑크좌파들 포용하는 것이라면 이준석 전 대표꼴 난다.

민심은 무엇인가. 민심이 중도와 좌파들 생각이라고 생각하면 이준석 전 대표꼴난다.

지난 총선에서 윤석열 대통령을 지지했던 사람들이 약 320만명이 기권했다. 투표율이 항상 높았던 대구가 제일 낮았다.

그것은 문재인 전 대통령 과 이재명 대표를 제대로 법적처리 못한 윤 대통령에 대한 불만 때문이었다.

군 통수권자가 대통령이듯이 수사의 최종책임자는 한동훈 대표가 아니라 윤석열 대통령이라고 생각했기 때문이다.

그러면 수사 책임자인 한동훈의 잘못은 없을까. 설사 윤 대통령이 한동훈에게 전직 대통령 처리는 신중을 기하라는 지침을 받았어도 이명박 전 대통령과 박근혜 전 대통령 수사하듯이 했어야 했다.

그것이 한동훈 대표의 변화의 시작이다. 진중권, 김경률과 어울리는 것이 변화와 쇄신의 시작이 아니라는 것이다.

민심(民心)은 중도, 청년, 수도권에 있는 것이 아니라 지지자들(48.5%)의 생각이다.

한동훈 대표의 변화는 진중권과 김경률, 함운경 등 핑크 좌파들과 결별하고 신지호, 김종혁, 김형동 등 사이비 보수들과의 결별에서 시작되어야 한다.

한동훈 대표 효과는 없다. 한동훈 대표에게 기대해서도 안된다. 한동훈 대표만을 생각하다가는 과거 제왕적 총재였던 이회창꼴 난다.

이회창꼴나는 것으로 끝나면 그래도 좋다. 국민의힘은 진중권의 정의당이 되고 핑크좌파들의 놀이터가 된다.

우리는 이준석 대표에게 대했던 야수의 심정을 한동훈 대표와 그 일당들에게도 대하여 한다.

2024. 08. 05.

18 한동훈은 방전된 배터리, 조기퇴진이 답

한동훈 대표의 정치력이 배터리 방전된 것 같은 모습을 보여주고 있다.

한동훈 대표는 11월 21일 국민의힘 당원 게시판에 한 대표 가족들 명의로 윤 대통령 부부를 비판하는 글과 관련해 "이재명 민주당 대표 선고와 민생 사안 등 굉장히 중요한 시기에 제가 건건이 대응하지 않은 이유는 다른 이슈들을 덮는 것이 적절치 않다는 당 대표로서의 판단 (때문)"이라고 했다.

다른 사람이 잘 알아듣지 못하도록 혼자 우물우물 지껄여대는 말을 의미하는 '귀신 씻나락 까먹는 소리'다

당 대표로서 진실을 밝히려는 노력과 이재명 대표의 공직선거법 및 위증교사 재판과 도대체 무슨 관련이 있단 말인가.

공직선거법 1심 재판은 지난 15일 이미 끝났다. 증교사 1심 재판은 25일 열리는 데 재판장은 이미 판결문 작성을 끝낸 것으로 보인다.

민생 사안 때문에 적극적으로 해명 내지는 수사의뢰를 하지 않겠다는 것은민생 사안 때문에 문재인 전 대통령과 이재명 대표 수사를 하지 않겠다는 의미와 같다.

민생은 조선시대에도 어려웠고,일제강점기에도 어려웠고, 경제가 제일 좋았다는 80년대에도 어려웠다.

자기 가족과 관련된 일을 이재명 대표와 함께 민생을 핑계로 물타기 하면 안된다.

21일 엠브레인퍼블릭·케이스탯리서치·코리아리서치·한국리서치 전국지표조사(NBS) 결과 윤 대통령 국정운영 긍정평가 조사에서 직전 조사인 19%에서 27%로 크게 반등했다. 면 국민의힘 정당지지도는 지난 조사보다 불과 1% 상승한 30%다.

21일 발표한 뉴스토마토(미디어토마토)의 윤 대통령 국정운영 긍정평가 조사에서도 직전 조사인 20.7%에서 25.6%로 4.9% 급등했다면 국민의힘 정당지지도는 지난 조사보다 2.8% 상승한 30%다. 대통령 국정 긍정평가 상승률을 못 쫓아가고 있다.

한동훈의 배터리가 방전되었다는 증거는 또 있다.

국민의힘 전당대회 직전인 7월22일 발표한 리얼미터의 정당 지지도 조사에서 국민의힘은 42.1%다. 당대회 직후인 29일 발표한 국민의힘 정당 지지도는 38.4%로 3.7% 하락했다.

컨벤션 효과가 없다는 것이다. 달리 이야기 하면 한동훈 효과는 없다는 것이다.

한동훈 대표 취임 이후 리얼미터 기준 국민의힘 정당지지도가 30%를 넘긴 적이 없다. 18일 발표한 조사에서는 31.6%다. 한동훈은 국민의힘에게 백해무익한 존재가 되어 버린 것이다.

2012년 4월 2일 발표한 리얼미터의 이명박 대통령 국정지지도와 당시 새누리당 지지도를 비교해 보면 이명박 국정수행 지지율은 32.7%를 기록했으며 박근혜 비대위원장 취임 4개월을 맞이한 새누리당의 정당지지도는 39.8%를 기록했다.

그래서 박근혜 비대위원장은 우월적인 입장에서 이명박 정부를 견제하고 이명박 대통령을 견제할 수 있었던 것이다.

그런데 한동훈 대표는 색시 맞이해 좋아만 하는 철 없는 꼬마 신랑짓만 하고 있다.

쇄신과 변화는 170석이 넘는 민주당에게 필요한 것이지 108석 밖에 안되는 국민의힘에게 필요한 것이 아니다.

윤석열 정부의 안정적 순항과 2027년 정권재창출을 위해서는 당정의 쇄신과 변화의 노력보다는 안정과 협조가 우선이다.

번짓수 잘 못 짚어 밧데리가 다한 한동훈은 국민의힘 안정과 당정의 원활한 협조를 위해 물러나야 한다.

비대위원장 취임이후 지금까지 해 온 정치행보를 보면 구태에 물든 못된 송아지 엉덩이에 뿔난 것 같은 짓만 하고 있다.

조기퇴진이 답이다.

2024. 11. 21.

Chapter 3

더불어민주당은
체제파괴의 발원지

01 문재인 정권은 통합진보당 정권

자유한국당 정미경 최고위원은 2019년 6월20일 최고위원회의에서 아마 앞으로 임명될 중앙지검장은 윤대진 검찰국장일 가능성이 거의 99.9%일 것이라면서 윤대진가(家)에 대해 폭로했다.

정미경 위원은 "윤대진의 매형은 통진당의 핵심세력인 경기동부연합의 실세였던 이용대 민주노동당 전 정책위의장이며 윤대진의 부인은 사법부 블랙리스트 조사위원으로 참여했던 국제인권법연구회 소속인 최모 부장판사다."라며 "윤대진은 과거 검사시절에 제가 들었던 얘기로 골수운동권이었다고 설명했다.

그러면서 정미경 위원은 "문재인 정권은 기수파괴를 통해 검찰을 자기들의 하수기관 노릇하게 하려는 것"이라고 지적했다.

이용대에 대해 설명하면 서울대 출신인 이용대는 2006년 그 유명한 일심회 간첩사건 당시 민노당 정책위의장에 재임하고 있었다. 이석기가 주축인 경기동부연합은 이용대를 수령으로 받들며 그의 지시대로 움직였다.

북한 노동당의 대남공작기관인 대남연락부는 2005년 12월 6일 지령을 통해 부정의 온상인 '경기동부 이용대 민주노동당 정책위의장' 선출을 유독 강조, 이용대는 50.87%의 득표율로 당 정책위의장에 당선되기도 하였다.

윤대진의 부인 최모 서울가정법원 부장판사는 지난 1월 페미니스트 사상을 재판에 반영하고 있다고 비공정 행위에 대한 처벌을 요구한다는 청와대 청원의 대상이 되기도 했다.

최모 부장판사는 여성권익 향상이라는 명목으로 전통적 가족관계를 괴멸시키고 있으며 학교 폭력 없는 세상 만들겠다고 법으로 교육질서를 파괴하고 있다.

부부가 사법부와 검찰에서 대한민국이 뻘건 세상이 되도록 선도하고 있으며 매형은 그 길라잡이 역할을 하고 있다는 생각이 든다.

결국 문재인 정권은 과거의 민주당을 기반으로 한 정권이 아니라 진보좌파 정당 통합진보당 정권이라 할 수 있다.

2010년 문재인 전 대통령 한명숙 전 총리와 함께 통진당과의 야권연대를 이끌었으며 야권연대를 이끈 주력들이 지금 청와대와 민주당 등 주요 부처의 요직을 장악하고 있다.

한명숙 전 총리의 제자 유은혜 전 의원을 보면 알 수 있다. 사노맹 출신 조국 전 장관을 보면 알 수 있다. 사노맹은 통진당의 전신이라 할 수 있다.

당당하게 저들과 맞설 수 있는 국가관이 투철하고 탐욕스럽지 않은 정치인들로 구성된 새로운 보수정당이 출현하기를 바란다.

2019. 06. 21.

02 원산지를 알 수 없는 문재인 세력들

7월23일 이인영 의원은 "이승만을 국부라 생각하지 않고 김구를 국부라 생각한다"고 말했다. 미국, 자유민주주의, 이승만으로 이어지는 대한민국의 정체성과 정통성을 부정하겠다는 의지의 표현이다.

그런 생각은 노무현 전 대통령의 2001년 안동대 연설에서 알 수 있다. 그는 "대한민국은 미국을 등에 업은 자본주의 분열 세력이 세웠다"고 말했다.

그의 발언은 "미 제국주의 군사적 방향과 군사 체계를 끝장내겠다는 조선 민족의 입장"이라고 말한 이석기 발언과 궤를 같이 하고 있다.

문재인 대통령 일당들이 행정수도 이전을 다시 추진하려 하고 있다.

겉으로는 부동산 문제를 해결하고, 지방균형 발전을 위한다는 명목이지만 실제적으로는 체제변혁을 위한 몸부림이다.

노무현은 과거 지방분권화 선포식에서 "행정수도 이전은 지배계급과 피지재계급 층의 교체"라고 의미를 두었다.

그러면서 2003년 12월 19일 노사모가 주최한 '리멤버1219' 행사에 참석 "시민혁명은 계속되고 있다. 다시 한 번 나서달라"라고 하였다.

이석기 전 의원의 "현 정세는 새로운 단계로 가는 낡은 지배 질서를 무너뜨리고 새로운 단계로 대격변기이며 대변환기다."라고 말한 주장과 동일한 생각이다.

낡은 지배세력은 누구 인가.
이인영 의원은 금년 초 재벌, 언론, 검찰을 적시했다.

이석기 전 의원과 이인영 의원의 생각과 같다. 그런데 노무현 전 대통령도 이들과 같은 생각을 갖고 있었다.

노무현은 2004년 1월14일, 연두기자회견에서 "정치와 권력, 언론, 재계간의 특권적 유착구조는 완전히 해체될 것이다."

2017년 5월 문재인 정권이 출범했다. 김일성식 유훈통치가 이어지고 있는 것이다.

더불어민주당과 정의당 등 진보진영의 의석수가 180석가까이 된다. 결국 체제변혁의 주체가 시민이 되어야 한다는 노무현 전 대통령의 생각이 실현되기에 충분한 조건이다.

21대국회는 대한민국의 역사를 만들어 온 세력들을 기득권층으로 규정하여 주도세력을 해체하여 체제를 변혁하는 데 적기다.

"서울, 수도권 인구분산"과 "지방균형 발전"을 위하여 행정수도를 이전 하겠다는 사람의 속마음이 "지배세력 교체"이다. 시민의 이름으로 밀어붙이기엔 충분한 의석수다.

체제를 인정하지 않는 문재인 대통령 세력들에게 법을 지키라고 하는 것은 무리다.

노무현 전 대통령은 지난 2002년 3월29일 "정당하지 않은 법은 안 지켜도 된다"고 말했다. 수단과 방법을 가지리 않고 체제변혁을 하겠다는 의도다.

물 만난 고기처럼 선동과 선전, 외곽 때리기를 사회곳곳에 벌이고 있다. 다수당의 지위를 갖고 합법적으로 체제변혁을 할 수 있다.

일제 강점기에서 태어난 작자들이 반일을 선동하고, 대한민국에서 부귀영화를 누리고 있는 작자들이 대한민국을 부정하고, 유신시대에서 판검사 된 놈들이 반유신 타령하고 있다.

이런 원산지를 알 수 없는 놈들과 투쟁해서 이기려면 힘들지만 팩트와 법치를 갖고 맞대응을 해야 한다.

2020. 07. 24.

03 이재명은 경기동부연합의 일원

어제(18일) 경기도 국정감사 관련 보도를 보면 이재명 도지사는 거짓말로 일관하고 뻔뻔함으로 국민들을 기만했다.

국민들을 대변하는 의원들의 질문에 비웃음과 끽끽거리는 불손한 태도로 일관했다. 과거 경기동부연합 수괴 이석기의 모습을 보는 것 같았다. 종북좌파들은 목적달성을 위해서 거짓말도 전략으로 삼고 뻔뻔함으로 진영을 구축한다. 사이비종교 집단 북한의 김씨왕조와 같다.

이재명은 경기동부연합의 일원이다. 지난 3월 이석기 전 의원 누나가 사망했다. 이석기 전 의원이 누나를 보내기 위해 2박3일간 귀휴(歸休)를 했다.

이석기가 전 의원 누나의 빈소앞에서 조문을 하는 동안 이재명 도지사의 근조기가 있었다. 옆에는 진보당 김미희 대표의 근조기가 있었다.

빈소에는 더불어민주당 사람들의 근조기는 없었다. 유튜브 "이석기 귀휴"를 입력하면보면 그 분위기를 알 수 있다.

경기동부연합은 이재명 도지사를 통해 여권을 장악한 상황이다. 더불어민주당 내 송영길, 이인영 등 종북좌세력이 암묵적으로 동의하는 상황이다.

이재명 지사가 대통령되면 대한민국은 경기동부연합과 종북좌파세력의 천국이 된다.

이런 와중에 윤석열의 전두환 칭송 논란이 일고 있다. 대선후보로서 부적절한 발언이라고 비판하지만 대한민국 정체성을 지키려는 당당함에서 오는 발언이라고 칭찬해야 한다.

대한민국 수호는 뻔뻔함이 아니라 당당함으로 지켜야 한다.

2021. 10. 19.

04 사람이 중요하다

더불어민주당이 386 운동권 정당이라는 것은 익히 다 알려진 사실이다.

노무현 전 대통령, 문재인 전 대통령은 이들에 의해 만들어지고 국정이 운영되었다는 것도 다 알려진 사실이다.

얼마전 과거 민주당에서 의원을 했던 선배와 사무실에서 차 한 잔을 했다. 그 선배로부터 민주당 386 운동권 실상을 들을 수 있었다.

수단과 방법을 가리지 않는 저들의 행태를 볼 때 이번 윤석열의 대통령 당선은 기적이다라고 말했다.

이미 언론에 알려진 사실이라 새로운 것은 없지만 피해를 당한 당사자가 이야기하니 더욱 실감이 났다.

예를들면 과거 노회찬 전 의원이 민주당에 합류하려 했지만 386 운동권 세력들의 극렬반대로 성사되지 못했다며 그들의 행태에 치를 떨었다.

이미 더불어민주당은 당 하부조직부터 외곽지원단체까지 386 운동권 영향력에 있어 결코 변하지 않을 것이라고 단언했다.운동권 출신 윤호중 의원이 비대위원장에 선출된 것이 좋은 예라고 지적했다.

국민의힘은 과거 친박들의 386세력과 같은 폐쇄적,독선적,탐욕적 행태로 탄핵을 당하고 망했지만 대다수 국민의힘 지지자들의 끊임없는 노력으로 결국 부활했다면서 민주당의 혁신은 쉽지 않을 것이라 했다. 민주당 지지자들은 386운동권에 볼모가 되어 그런 혁신의 주체가 될 수 없다고 단언했다.

국민의힘이 정통보수와 중도보수세력이 당내에서 건강한 긴장관계를 유지하며 건전한 경쟁관계를 갖는다면 계속 대한민국 정치의 중심적 역할을 할 것이라고 예상했다.

의석수가 중요하지 않고 윤석열 대통령 당선인의 리더십이 중요하다고 본다.

리더십의 시작은 용인에 있다. 용인은 첫 단추다. 지역·성별 가리지 않고 전문성을 가진 사람을 등용하겠다고 했다. 그것은 극히 교과서적인 이야기다.

지역·성별·학벌, 당내 친윤·비윤, 집토끼·외부영입 인사, 강경보수·중도보수 인사, 전문성·정치성 등 조화로운 배치가 중요하다.

노무현 전 대통령의 '사람사는 세상', 문재인 전 대통령의 '사람이 먼저다' 아니라 '사람이 중요하다'라는 컨셉으로 시작되어야 할 것이다.

2022. 03. 14.

05 운동권 출신에 볼모가 된 더불어민주당

더불어민주당 신임 원내대표에 박원순계에서 이재명계로 말 갈아 탄 3선의 박홍근 의원이 선출되었다.

박홍근은 전남 고흥 출신으로 호남좌파의 전형이다. 경희대 총학생회장 시절 6·15공동선언실천남측위원회청년학생본부 공동대표와 민족화해협력범국민협의회 청년위원장을 역임한 운동권이다. 그는 운동권 활동 시 화염병 사용으로 집시법위반으로 징역1년에 집행유예 2년을 선고 받았다.

이외에도 94년 국가보안법 위반으로 징역 1년 6월 집행유예 2년을 선고 받은 전력이 있다.

그는 원내대표 선출 첫 일성으로 문재인 전 대통령과 이재명 대선후보를 보복수사에서 막아내겠다고 다짐했다.

그렇다면 박근혜 전 대통령과 이명박 전 대통령도 보복하기 위해 감방 보냈단 말인가. 보복수사 운운하니 적폐청산도 보복이었다고 자인(自認)한 꼴이 되었다.

비대위원장 윤호중도 운동권 출신이다. 서울대 재학 시절 인문대학보 지양의 편집장과 학원자율화추진위원회에서 활동하였으며, 민간인감금 폭행 사건에 연루되어 투옥되기도 하였다.

윤호중의 비대위원장 사퇴 압박에도 불구하고 악착같이 비대위원장을 하려 하는 것은 운동권 출신들이 더불어민주당을 적화의 전진기지로 계속 지키려 하는 의도다.

더불어민주당 공동비대위원장은 박지현은 일명 불꽃으로 한림대 시절 N번방이 텔레그램에 잠입해 익명의 2인조 추적단 불꽃의 불로 활동하며 피해자들의 성착취 영상을 공유한 텔레그램에 대해 조사한 뒤 모든 언론사에 제보하고 경찰서 수사기관에 신고하는 등 N번방 사건을 공론화한 인물이다. 그러나 사실 냉정하게 보면 내부고발자 아니면 스파이 활동이 몸에 벤 운동권 아류(亞流)라 할 수 있다,

운동권 출신에 볼모가 된 더불어민주당은 희망이 없다. 대한민국 적화를 시도하는 운동권출신들이 민주화 투사로 각인되고 공산주의자들처럼 거짓말과 내로남불에 의식화된 더불어민주당 지도부 및 그 추종자들이 정의의 사도로 인식되는 한 더불어민주당에게 국가운영을 맡겨서는 절대 안된다.

2022. 03. 24.

06 이재명 사건은 고정간첩 잡는 자세로

이재명 대표는 검찰이 체포동의안을 법원에 제출하자 민주당 지역위원장 전원에게 "거짓의 화살에 맞서 싸워 달라"고 메시지를 보냈다. 그러면서 진실을 방패삼아 싸우겠다고 말했다.

이재명 대표는 아직도 진실이 무엇인지를 모르고 있다. 진실은 야당인 민주당대표에 대한 '정치보복'이 아니라 문재인 정권 시절인 2021년 9월부터 시작된 전 성남시장에 대한 '범죄수사'다

이재명 대표는 2021년 가을 방송토론회에서 "자신이 대장동건은 자기가 설계했고 과거로 돌아가도 똑 같이 할 것"이라고 말한 바 있다. 이재명 대표가 말한 진실은 이렇게 자신의 과거 발언

에 그대로 담겨있다.

이재명 대표에게 대장동보다 더 큰 죄는 성남시장 될 때는 체제전복 세력 경기동부연합의 도움을 받고 파견인 정진상에게 모든 업무를 맡겼다는 것이다.

민주당 대선후보가 될 때는 체제전복 세력 사노맹 일당인 조국으로부터 도움을 받았다. 이재명 대표는 김성태 전 쌍방울 회장으로 하여금 500만불이나 북한으로 불법 송금을 하게 하였다. 이것만해도 국가보안법 위반 사형감이다.

다른 죄에 묻혀 그렇지 500만불 불법송금은 대한민국 체제전복 자금으로 대역죄에 속한다.

대한민국에 활보하고 다니는 종북세력들 '나 간첩이다'라고 하는 놈들 한명도 없다. 모두 민족주의자, 민주주의자, 인권주의자, 양성주의자로 행세한다.

우리 모두는 이재명 대표 잡는 일을 범죄수사 차원이 아닌 남한 내 고정간첩 잡는 일이라고 생각하고 윤석열 정권과 함께해야 할 것이다.

2023. 02. 21.

07 종북화되어 있는 더불어민주당은 희망이 없다

더불어민주당은 과거 국민의힘(새누리당)이 망한 그길을 가고 있다. 당시 국민의힘은 박근혜 전 대통령탄핵에 대한 어쩡한 자세를 취하다 2020년 21대총선에서 지역구 84석밖에 얻지 못하는 대참패를 기록했다.

당시 국민의힘은 박근혜 전 대통령 지지세력을 의식해 박근혜 정권 2인자 황교안을 당 대표로 내세워 총선에 임했다. 그 결과는 보수정당 역사상 대참패라는 결과를 낳았다.

지금 더불어민주당은 과거 국민의힘이 걸었던 눈가리고 아웅식의 꼼수의 길을 걷고 있다.

이재명 대표는 분명 극악무도한 죄인인데 마치 정치보복을 받고 있는 예수처럼 행세하고 있다.

2월 21일 더불어민주당은 국회에서 의원총회를 열고 이재명 대표의 체포동의안 부결에 "총의를 모았다"면서도 부결을 당론으로 채택하지 않고 "의원 자율투표에 부치기로 했다"고 밝혔다.

이게 무슨 괴변인가 내부적으로는 부결을 당론으로 정하고 외부발표에는 자율투표라고. 더불어민주당 의원들이 자율적이었나 친북세력의 콘트롤 당하는 꼭두가시였지.

국민의힘은 보수정당 출신 두 전직 대통령을 감방보낸 수사책임자 윤석열 검사를 이준석 세력들의 방해에도 불구하고 대한민국 대통령으로 만들었다.

혁명적, 파격적 행위였다. 그래서 정권교체를 이루었다. 그렇다면 더불어민주당은 유승민 전 의원같은 사람을 데려다 대통령으로 만들 기개가 있을까. 없다.

종북화되어 있는 더불어민주당은 희망이 없다. 종북세력과 개딸의 눈치를 보는 이재명 대표와 더불어민주당은 겉만 깨끗하게 하려는 세차장이 아닌 아주 죽어 없어지는 화장장으로 가는 길밖에 없다.

더불어민주당은 한 줌의 재가 되어 대한민국을 옥토로 만드는 비료로 사용되어야 한다.

2023. 02. 22.

08 민주당 혁신이 아니라 이재명 호위 위한 것

　　더불어민주당 혁신위원장으로 임명된 이래경이란 사람이 "천안함은 자폭" "코로나 진원지는 미국"이라 망언한 사실이 알려져 논란이 일고 있다.

　　반미 성향, 러우 전쟁 관련 러시아 두둔 등으로 대한민국의 가치와는 전혀 다른 정치행보를 이어가고 있다. 진보인사라기보다는 대한민국 체제를 부정하는 북한편향 친북인사로고 보는 것이 타당하다.

　　그는 야권내 대표적인 김근태계 인사로 통한다. 1983년 고 김근태 전 민주통합당 상임고문이 주도한 민청련 발기인을 지냈다.

2011년 12월 김 전 상임고문 별세후 그와 가까웠던 인사들이 모여 다른백년을 출범시켰다.

민주당 당내 인사로는 운동권 출신으로 박홍근 의원, 우상호 의원, 이인영 의원, 최재성 전 의원, 임종석 전 청와대 비서실장 등이 민평련 출신으로는 노영민 전 청와대 비서실장, 우원식 의원, 유은혜 전 장관, 이재정 의원 등이 김근태계로 통한다.

경기동부연합, 통진당세력들과 생각을 같이해

이래경은 대선 한 달 전인 지난해 2월 재야 지식인들과 함께 경기동부연합의 지원을 받는 이재명 후보에 대한 지지 선언에 이름을 올리기도 했다. 그는 2021년 6월에는 촛불전진 준비위원회 등 단체들과 함께 한미연합훈련 중단을 촉구하는 6·15 민족 선언문을 청와대에 제출하기도 했다. 2022년 4월 발표된 촛불전진 자문위원 명단에 이름을 올렸다.

촛불전진은 대선 직후부터 주말마다 서울에서 윤 대통령 퇴진 집회를 주도하는 연대기구 '촛불행동'의 핵심 조직으로 알려졌다.

이래경은 진보인사가 아닌 북한편향 친북인사

이재명 대표는 중앙이 아닌 성남이라는 지방에서 활동해 왔기에 정치권과 시민사회 인맥이 두텁지 못하다.

그런 그가 이래경 이사장과 친분을 유지해 왔다면 이 대표의 강력한 지지세력인 이석기 전 의원의 경기동부연합과의 연관성을 추측해 볼 수 있다.

이래경이 주장하는 '천안함 자폭', '코로나는 미국발', '윤석열 퇴진' 등은 과거 통진당세력들과 현재 주말마다 '윤석열 퇴진'을 외치는 종북세력들의 주장과 같기 때문이다.

이재명 대표는 더불어민주당의 분위기 쇄신을 위해 이래경을 혁신위원장으로 임명한 것이 아니라 호위무사 역할 하라고 임명한 것이다.

그래서 더불어민주당은 해산해야 하고 이재명 대표는 하루빨리 구속되어야 한다.

2022. 06. 05.

09 물 만난 더불어민주당 꼴뚜기들

6월 16일 김은경 더불어민주당 혁신위원장은 돈봉투 사건과 관련해 "돈봉투 사건이 검찰에 의해 만들어졌을 수도 있겠다는 생각이 든다"고 말했다.

더불어민주당 혁신을 하겠다고 책임진 사람이 민주당의 적폐청산을 할 생각은 안 하고 검찰 탓을 하고 있다.

이런 기가 막힌 발상은 문재인 정권 시절 자기들이 검찰을 정적 제거를 위해 조작에 동원했다고 고백하는 것과 같다.

김은경은 한국외대 법학전문대학원 교수로 온화하고 합리적이고 원칙적인 사람으로 평가받고 있다.

대학교수이다 보니 학문적 업적이 대단할 것이라 생각하고 있다.그러나 김 위원장의 이력을 보면 정통 교수로서의 행보보다는 권력기관과 권력주변에서 주로 활동해온 정치적인 사람이다.

그는 친문으로서 문재인 대통령이 집권하자 권력기관 주변에서 활동하다 문재인 대통령에 의해 여성 최초 금감원 부원장에 임명되었다.

김 위원장이 더불어민주당을 혁신할 것이라고 생각하면 큰 오산이다. 이재명 대표와 조국 전 장관 추종세력들이 다음 총선 공천권 행사를 하도록 비단길을 깔아 주는 아바타 역할을 할 것이다.

지금 더불어민주당은 철저하게 종북화되어 있다, 이석기의 경기동부연합세력 그 파견인이라고 의혹을 받고 있는 이재명 대표과 체제변혁을 시도하다 구속된 바 있는 조국 전 장관 추종세력이 장악하고 있다.

절대로 당권을 내 놓지 않을 것이다. 내 놓고 싶어도 뒤에 버티고 있는 거대한 종북세력들이 가만두지 않을 것이다.

그 예가 정의당 지지율이다. 과거 사례를 보면 더불어민주당 지지도가 하락하면 정의당 지지율이 올라갔다. 정상적이라면 약 7% 정도는 나와야 한다.

그런데 더불어민주당 지지도가 하락해도 정의당 지지율(2~3%)은 그대로다. 그것은 정의당을 전략적으로 지지했던 NL계 종북세력들이 더불어민주당을 지지하며 이재명 대표 호위무사 역할을 하기 때문이다.

물 만난 꼴뚜기(종북세력)들이 더불어민주당이란 어물전을 그냥 내버려 두지 않을 것이다.

2023. 06. 19.

10 비대위 전환의 대상은 더불어민주당

국민의힘 혁신위 활동이 조기 종료됐다.

겉으로는 50% 성공했다고 하지만 실제적으로는 성상납 의혹을 받고 있는 이준석 징계해제 준 것 밖에 없다. 애당초 국민의힘 혁신위 발족은 명분이 없었다.

지난 10월 강서구청장 선거에서 국민의힘이 대패가 당에서 비롯된 것이 아니라 김태우 공천을 무리하게 밀어붙이고 선거 1달 앞두고 논란이 된 신원식, 유인촌, 김행을 장관에 임명했기 때문이다.

특히 김행의 줄행랑은 선거 대패에 크게 기여했다.

그렇다면 누구의 잘못일까? 임명권자인 대통령과 대통령을 잘못 보좌한 용산 참모들이다.

역대 정권하에서의 사례를 보면 대통령 국정지지도가 당 지지도를 견인한다.

이런 상황에서 당내에선 여전히 '김기현 용퇴론'이 끊이질 않고 있다.

당내 비주류와 언론에서는 김기현 대표가 사퇴하고 비상대책위원회로의 전환을 요구하고 있다.

김기현 대표가 잘못한 것은 용산 참모들의 무능을 질책 못한 것이다. 대통령 앞에서 재대로 진언도 못하면서 출세의 장마당이 서니 우르르 뛰쳐나오는 그 몰골들을 견제 못한 것이다.

사실 김 대표가 정말 물러난다면 실제 그 공백을 메울 대안도 없다. 비윤계의 대안 없는 지도부 흔들기나 용산출신 참모들의 뻔뻔스러운 총선출마 다 문제가 있다.

김기현 체제를 무너뜨리고 총선 승리를 장담할 수 있는 지도부가 새로 구성된다면 그렇게 해도 좋다.

안철수, 유승민, 이준석, 하태경류의 사람들을 비대위원장으로 임명하는 것이 혁신이고 대안인가. 김한길 부류의 전향자를 임명하는 것이 혁신이고 대안인가.

지금은 유승민과 이준석 세력들과 결별하고 윤석열 대통령과 김기현 대표 중심을 갈 수밖에 없다.

비대위 전환을 요구해야 할 대상은 국민의힘이 아니라 당 대표가 일주일에 세 번 재판을 받는 민주당이다.

2023. 12. 11.

11 이재명은 화해와 협치의 대상이 아니다

세상에서 제일 하기 좋은 말이 '화합', '통합', '화해', '협치'
란 말이다. 이런 말은 종교인이 사용해야 할 말이다. 정치인이 사
용하면 그 조직과 그 국가는 망한다.

장개석은 모택동과 통합과 화해, 화합을 추구하다 망했고 김
구는 김일성과 통합과 화해,화합을 추구하다 대한민국을 말아
먹을뻔 했다.

위정자(爲政者)들은 국리민복(國利民福)과 국민안위(國民安危)를 생
각해야 하는 것이 제1의 의무다.

위정자(爲政者)들은 대적관이 확실히 해야하고 적들과 싸울 줄 아는 신념과 용기를 갖추어야 한다. 그래서 위정자(爲政者)들의 가장 큰 덕목은 지식과 지혜가 아니라 판단력과 용기, 추진력이다.

신년 초가 되자 언론들이 정치권을 향해 화해와 협치를 하라고 주문하고 있다. 그러나 정론(正論)을 외치는 대한민국 언론들은 그런 말을 할 자격이 없다.

정(正)을 생각한다면 화해와 협치 이전에 종북으로 물들어 있는 이재명 대표의 민주당에 정체성을 바로 세우라고 질책을 해야 한다.

윤석열 대통령 밉다고 이재명 대표와 종북정당 민주당을 옹호하고 불쌍히 생각하는 행태가 척결해야 할 구태(舊態)다.

대한민국의 썩어빠진 언론들은 2006년 당시 노무현 대통령은 커터칼 피습을 당한 박근혜 한나라당 대표에게 '빠른 쾌유를 빕니다'는 글귀가 적힌 난(蘭)을 보낸 예를 들고, YS가 2009년 8월 신촌 세브란스 병원에 입원중인 DJ 병문안 한 것을, 2018년 5월 당시 더불어민주당 우원식 원내대표가 단식 농성중인 자유한국당 김성태 원내대표를 병문안 한 것을 예를 들며 화해와 협치를 하라고 주문하고 있다.

이재명 대표는 김대중도, 박근혜도, 김성태가 될 수 없다. 김대중, 박근혜, 김성태가 1주일에 3번 재판장에 들락날락거리는 범죄자였단 말인가.

이재명 대표는 각종 범죄혐의로 현재 1주일에 3번 재판장에 불려 나가 심문을 받고 있는 피의자 신분이다.

그런 범죄자에게 윤석열 대통령이 이재명과 국정을 논한다는 것은 범죄자에게 정치적으로 면죄부를 주는 일이다. 헌법가치와 상식에 반하는 일이다.

만약 국민의힘 당 대표가 이재명 대표와같은 범죄자였다면 더불어민주당은 어떻게 했을까. 죽어야 한다고 난리 쳤을 것이다.

대통령 취임 전 개인적인 일을 갖고 이명박 전 대통령을 감방 보낸 작자들이다.

이재명의 비서 김현지는 2022년 9월 1일 이재명 앞으로 검찰의 출석요구서가 나오자 "의원님 출석요구서가 방금 왔습니다. 전쟁입니다"라고 이재명에게 문자를 보냈다.

이들은 당연히 받아야 할 이재명의 검찰수사를 윤석열 정부와의 전쟁으로 생각하며 지난 1년 반 동안 투쟁해오고 있다.

그런데, 화해와 협치를 하라고 야권이 화해와 협치를 원하면 종북에 물들고 1주일에 3번 재판을 받는 이재명을 먼저 척결하는 것이 순서다.

지금은 전쟁 중이다.
전쟁 중에 화해와 협치를 이야기하는 것은 항복선언과 같다.

윤석열 대통령의 정치 동반자는 이재명 대표의 민주당의 아니라 대한민국 국민이다.

2024. 01. 07.

12 이재명은 정적이 아니라 범인

이재명 대표가 31일 신년 기자회견에서 "지난 2년간 윤석열 정
부는 주권자인 국민의 뜻을 무시한 채 정적 죽이기에만 올인했
다"고 주장했다.

범죄자가 마치 핍박받는 자처럼 행세하고 있다. 이재명 대표는
1주일에 재판정에 들락날락 거리는 피의자다.

당 대표가 아니었다면 이미 서울구치소에서 호송차를 타고 재
판정을 다니는 모습을 볼 수 있었다.

이재명 대표는 세 개의 재판(공직선거법 위반, 대장동·위례·성남FC·백현동 개
발비리 의혹, 위증교사 사건)을 받고 있다.

이재명 대표의 대장동 사건은 국민의힘이 아니라 이재명의 대선 후보 경쟁자인 이낙연 측의 뒷조사와 폭로로 시작되었다.

수사는 윤석열 정부가 아니라 문재인 정부시절인 2021년 9월 시작되었다. 김만배, 남욱 등의 녹취록이 공개되고, 관계자들의 연이은 사망으로 시작를 하지 않을 수 없었다.

공직선거법 재판도 대통령 선거과정에서 허위사실을 공개석상에서 발언한 공직선거법 위반한 죄로 시민단체의 고발로 시작된 것이다.

이재명 대표의 '정적 죽이기 운운'은 독립투사인 양 국민들에게 동정심을 불러일으키게 하려는 꽤변이다.

이재명 대표는 오늘 "'죽이는 정치'가 아닌, 함께 사는 세상을 만들기 위해 정치가 제 역할을 해야 한다"고 말했다.

이 말은 이재명 대표한테 적용되는 것이 아니다.

함께 사는 세상을 만들기 위해서는 종북세력인 경기동부연합, 한총련세력의 절대적 지지를 받는 이재명 죽이기를 해야 된다.

결국 이재명 대표는 죽는다.

일부 재판부가 이재명을 보호하고 재판방해를 통해 재판일자를 늦추어도 서울구치소로 향하는 시계는 계속 돌아간다.

하늘은 몸을 파는 아녀자보다는 거짓말하는 위선의 정치인을 더 잔인하게 징벌한다. 말로 흥한 자는 망하게 되어 있고 순리를 거역하는 역천자(逆天資)는 망하게 되어 있다.

2024. 01. 31.

13 더불어민주당은 NL계열이 확실히 장악

2월 21일 민주당 박용진 의원은 '현역의원 하위 10% 평가'를 받았다. '하위 10%' 통보 받은 민주당 박용진 의원은 조목조목 반박을 했지만 22일 해당 절차를 진행해야 하는 공관위 회의가 열리기도 전에 문자로 기각 통보를 받았다.

박지원 전 의원은 "박용진 의원과 윤영찬 의원은 상위 1%에 속하는 의원들"이라며 옹호했지만 소용없었다.

왜 박용진은 컷오프를 당했을까

20년가까이 이어오는 NL계열과 PD 계열의 권력투쟁의 연장선이다. 박용진은 2008년부터 2012년까지 존재했던 PD 계열 진보정당 출신이다.

민주노동당은 권영길 등 PD 계열과 이창복 등 NL계열이 협력해 창당했다.

NL계열은 소수였지만 조직력은 강했다. 하지만 대선후보급 명망가 인사들이 없어 세력확대에 한계가 있었다.

PD 계열은 숫적으로 NL계열보다 우위에 있었고 권영길, 심상정, 노회찬 등 전국적 인지도를 가진 인사들이 있었지만 모래알이었다.

두 계파의 노선갈등은 일심회 사건에서 드러난 종북문제, NL계열 정파들의 패권주의 문제, 당내 경선의 대리 투표 등 여러 문제를 둘러싼 NL-PD의 해묵은 갈등이 폭발했고 2008년 2월 3일 당대회에서 심상정이 제시한 혁신안이 부결되자 당은 진보신당과 민주노동당 잔류파로 갈라지게 되었다.

그때 PD 계열의 주역 중 한 사람이 박용진이다.

지난 대선 경선을 통해 이재명 대표를 앞세워 민주당을 접수한 NL계열 즉 초강경파인 통진당 세력의 일원인 한총련. 경기동부연합 세력은 당연히 박용진을 응징할 수밖에 없는 것이다.

이재명 대표를 앞세워 민주당을 접수한 NL계열 정파세력들이 정세균, 김부겸의 충언을 들을 리 만무하다. "웃기는 소리 하지 마" 하는 것은 당연하다.

이번 총선에서 패배해도 이들은 눈 하나 까딱거리지 않을 것이다. 이재명 대표가 구속되어도 지난 2년간 이재명을 대체할 인물들이 쑥쑥 성장했기 때문이다.

투쟁력 강한 NL계열 정파세력들은 온갖 선동과 왜곡을 통해 당권을 계속 유지할 것이다.

또한 이들의 적은 전대협세력들이다. 전대협은 한총련처럼 일사불란하지도 세력도 없다. 그저 전국적인 동우회 수준의 몇 백명이다. 이들은 정치력 하나로 자신들의 입지를 커왔기에 조직으로 뭉쳐진 한총련세력과는 비교대상도 게임도 안된다.

이들의 공세적 공격에 전대협이 속수무책 당하고 있는 것을 보면 알 수 있다.

이낙연 전 총리 세력이 호남에서 어느정도 선전해야 이들의 만행을 제어할 수 있다. 이준석 세력은 NL계열이 볼 때 구상유취(口尙乳臭)할 따름이다.

이준석이가 정의당 세력들과 합세해 NL계열 영역을 침범하려 들면 이들에게 당할 것이다. 고가거 재인 전 대통령에게 90도 인사하며 사과하는 것을 보면 사실 도전할 용기도 없다.

확실한 것은 더불어민주당은 NL세력·한총련세력·경기동부연합세력이 확실하게 장악했다는 것이다.

2024. 02. 23.

14 종북세력들 북핵같은 차원에서 다루어야

6월 10일 밤 더불어민주당이 국회 11개 상임위원장을 단독 처리하며 가져갔다. 국민의힘이 운영위원장, 과방위원장을 양보할테니 법제사법위원장을 달라는 요구를 묵살하고 상임위 요직을 가져간 것이다.

22대 총선 결과에서 이미 예견된 것으로 놀라운 일도 아니다. 더불어민주당의 일당 국회, 입법 독주 이제 윤석열 대통령의 무능, 실정, 탄핵만 비판할 수 없게 되어 스스로 무덤을 팠다고 본다.

더불어민주당의 일당 국회에 윤석열 정권이 불편하고 힘든 것은 사실이다.

그러나 더불어민주당이 국회의장과 18개 상임위원장을 독식해도 윤 대통령의 통치권이 위협받지는 않는다. 되레 대통령의 거부권과 법률에 버금가는 시행령 정치로 난국을 극복하면 된다.

문재인 정권은 집권 초 시행령 정치하겠다며 시행령에 따라 행정부를 이끌어갔다. 윤 대통령도 그대로 하면 된다.

국회 의석수가 정권교체의 바로미터가 아니다. 문재인 정권이 21대 압도적 의석수를 갖고도 정권 재창출에 실패했다.

대통령은 국회의원을 상대로 정치하는 것이 아니라 국민을 상대로 통치하는 것이다. 최소한 자신을 지지한 48.5%를 상대로 통치하면 된다.

지금 남한내 모든 종북세력들이 더불어민주당과 이재명 중심으로 뭉쳐있다. 따라서 지금의 정치상황을 남한내 북한 추종세력과의 전쟁이라고 단언해야 한다.

지난 2년간 저들은 윤석열 대통령과의 투쟁을 전쟁이라고 생각하고 뻔뻔함과 악랄함, 비열함으로 무장한 채 싸우고 있다.

더불어민주당과 종북세력은 모든 정치현안을 남한의 적화에

포커스를 맞추어 판단하고 실행하고 있다. 따라서 저들에게 타협·자제·배려를 바라는 것은 사치다.

이제 윤석열 대통령과 보수우파는 상식과 공정을 파괴하고 적화에만 몰두하는 민주당과 남한내 종북세력을 북한 핵무기 제거 같은 차원에서 대적(對敵)해야 한다.

2024. 06. 11.

15 김동현 판사 선고 꼭 기억해야

위증은 벌금 500만원 위증교사는 무죄. 그렇다면 김진성씨는 이재명 대표의 부탁도 없었는데 자발적으로 재판정에 출석해 이재명에게 유리한 증언을 했단 말인가.

해방이후 지금까지 해온 정치인과 관련된 판결 중 최악의 판결이다. 대한민국의 선량한 법률이 악랄한 판사에 의해 훼손된 것이다.

우리는 악행을 저지른 김동현 부장판사의 1심선고는 법치존중 차원에서 존중해야 하지만 그가 걸어온 이율배반적 행태는 꼭 기억해야 한다.

언론에서는 김동현 부장판사에 대해 "조용한 성격의 '전형적 판사' 스타일", "특별한 정치성향 없고 원칙 중시", "판결을 보면 이념적이라거나 튀는 판결을 한다는 공감대는 없는 사람"이라고 평가하고 있다.

김동현 판사는 언론평가와는 달리 상당히 정치적 성향이 강하다. 한마디로 부뚜막에 먼저 올라가는 얌전한 고양이라는 말이다.

서정욱 변호사는 지난 7월 13일 유튜브채널 '송국건의 혼술'에 나와 김 판사와 관련해 "김동현(판사)하고 한 방에 있었던 연수원 동기의 모 판사가 저하고 잘 안다. 저하고도 동기다. 그 판사가"라면서 "김동현이 (사법)연수원 때부터 유명했데. 운동권으로. 정치성향이 있잖아. 싸움하면 막 좌파 편들면서 입에 거품을 물고 술자리에서 왜 싸우듯이. 그런 판사가 김동현이라고 한다"라고 주장했다.

김동현 판사는 전남 장성 출신으로 고려대학교 법대를 졸업한 후 제40회 사법시험에 합격하였다. 인천지방법원 부장판사 재임시절 김동현은 2019년 4월 제3기 전국법관대표회의에서 부의장으로 선출되었다.

당시 의장에는 진보 성향 법관 모임인 '우리법연구회' 출신 오재성 부장판사가 선출되었다.전북 고창출신인 오재성 부장판사는 전주고, 서울대 공법학과를 졸업한 후 31회 사법고시에 합격했다.

전국법관대표자회의 지도부는 정치적 성향이 강한 인물로 구성된다. 우리법연구회,국제법연구회 임원들도 마찬가지다. 이상하게도 정치적으로 출세하려는 사람, 명예욕이 드높은 호남출신 판사들이 많다.

초대 전국법관대표회의 의장을 지낸 최기상 당시 서울북부지법 부장판사도 우리법연구회 회장을 지낸 이력이 있다. 전남 영암 출신인 최기상은 이 이력을 바탕으로 지난 2020년 총선에서 민주당 공천을 받아 서울 금천에서 당선되었다.

법관 재직중 전범기업 미쓰비시중공업의 손해배상책임 인정 판결(2016), 4대강 보 침수피해 농민에 대한 손해배상 인정 판결(2016), 이명박 정부의 민간인 불법사찰 관련 판결(2017) 등 진보진영이 좋아라하는 판결을 하였다.

김동현 판사는 이재명 대표가 정치 일정 등을 이유로 수차례 '대장동 재판'에 불출석해 논란이 됐는데 이것을 다 허용했다.

또한 이재명 대표가 위증교사 재판출석을 몇 차례 미루면서 재판일정이 지연되었는데 적극적으로 제지하지 않았다. 재판 중에 이재명의 조퇴 요청을 이례적으로 받아들이기도 했다. 일반인은 받을 수 없는 혜택을 준 것이다.

이러한 행위는 정치적으로 성향이 민주당과 같아 봐주고 있다는 의심을 받을 수밖에 없다. 지난 탄핵때 박근혜 전 대통령이 임명한 헌법재판관 3명이 박근혜 대통령직 파면에 찬성한 것과는 대비되는 행동이다.

김동현 판사 부류인 진보좌파성향의 판사들은 대한민국의 법정의와 사법체계의 신뢰를 무너뜨리는 데 일조하고 있다.

일반 형사사건 9번을 원칙을 중시하며 공정한 재판을 했다할지라 정치인과 관련된 재판에서 정치적 성향을 드러내 상식과 원칙, 법리를 초월한 재판을 한다면 반드시 지탄을 받아야 한다.

대한민국의 최대의 적은 진보좌파 성향 판사과 법원노조다. 김동현 판사 선고를 보며 우리가 꼭 기억해야 할 사항이다.

2024. 11. 26.

16 건국전쟁의 종반전이 시작되었다

We're in the endgame now.

미국 헐리우드 영화 중 대한민국 영화관에서 가장 흥행했던 어벤져스 시리즈의 3편인 '인피니티 워'에 나오는 닥터 스트레인 지의 명대사다.

미래의 여러 가지의 시나리오를 볼 수 있는 능력을 보유한 그의 말을 번역하자면, '우린 이제 마지막 단계를 앞두고 있다', '이제 종반전(종착역)에 들어섰다' 등으로 해석한다.

서양에서 체스 용어에서 파생된 단어로 한국에서 바둑 용어를 관용어 등으로 즐겨 인용하듯이 서양은 체스의 영향을 많이 받는다. 미래에서 이 상황을 봤기에 현재의 시점에서 최종 보스 타노스를 상대로 이기는 길로 진행되고 있다며 판단한 것이다.

엔드게임. 즉, 최종전이라는 단어의 중요성을 강조하기 위해서였는지 마블에서 내놓은 '인피니티 워'의 후속작 제목은 '엔드게임'이었다. 지금 대한민국의 상황은 초능력이나 총성 한 발이라도 사용할 무력이 없을 뿐 치열한 체제전쟁이 이미 시작되었다.

전작 '인피니티 워' 이전 스토리를 다룬 사이드 작품인 '캡틴아메리카: 시빌 워'에서 제목대로 주역인 UN의 슈퍼히어로 규제를 지지하는 아이언맨 세력과 UN의 슈퍼히어로 규제를 반대하는 캡틴아메리카 세력의 분열과 내전으로 흩어진다. 윤석열을 지지했던 그리고 이재명을 싫어했던 세력이 지금처럼 흩어진 상태다.

서로 간에 감정을 풀지 못한 채 이어진 인피니티 워에서 아이언맨 무리와 캡틴아메리카 무리는 타노스를 따로 상대하게 된다. 결국 이기지 못했고 타노스의 염원이었던 생명체 과밀화 해소를 위해 전 우주의 생명체 중 절반을 사라지게 하는 목적을 달성한다.

후속작 엔드게임은 전 우주의 생명체가 절반으로 감소하고, 이전에 규제법안 찬반을 놓고 내전을 했던 아이언맨과 캡틴아메리카 등의 슈퍼히어로들이 재회하여 양자역학과 타임머신 기능을 영화적 허용으로 진행하여 모두 모은 후 타노스 군단과의 최후의 전쟁에서 승리하는 결말이다. 여담이지만 미국 현지에선 모두 모이는 장면만으로도 관객들이 환호하는 동영상을 유튜브에서 찾아볼 수 있다. 영화 속 이들처럼 실제로 '보수우파도 하나가 된 모습을 보인다면 얼마나 좋을까?'라는 그런 생각도 든다.

1945년 독립 이후 해방정국 시절부터 한반도의 절반만이라도 UN 총선거를 따르는 합법정부로 건국을 시작했다. UN이 최초로 직접 개입했던 6·25전쟁으로 대한민국을 힘겹게 수호했다. 지금까지 부러운 나라보다 부러움을 받는 나라가 더 많은 대한민국 체제전쟁의 최종전은 이제 시작되었다.

중국이 개혁개방을 시작한 지가 40년이 넘었고, 소련이 붕괴한 지가 30년이 넘었는데 아직도 인정하거나 깨닫지 못하는 자들 때문에 대한민국은 지금이 위기이다.

이제 서로 생각이 달라도 뭉쳐보자. 윤석열 정부를 지금도 지지하는 사람, 윤석열 정부에 실망한 사람, 체제가 무너지는 것을 싫어하는 국민들 모두 뭉치자.

윤석열을 지지했던 48% 이상의 국민들부터 과거 대통합민주신당 정동영 후보와 해산된 통합진보당의 전신 민주노동당 권영길 후보를 투표하지 않았던 70% 이상의 국민들이여! 모두 이번 사태는 막고 나서 생각하자.

국회라는 입법기관을 통해 탄핵소추를 남용하고 있다. 2023년 2월 8일 이상민 당시 행안부 장관이 탄핵소추 당한 후 2024년 12월 27일 한덕수 대통령 권한대행 및 국무총리가 탄핵소추를 당했다. 윤석열 정부에서 본인 포함 13명이 당한 것이다. 이 글을 쓴 이후 탄핵소추 명단이 갱신될 확률은 높은 상황이다.

2023년도에 손준성 검사를 제외하고, 이상민 장관, 안동완 검사, 이정섭 검사는 모두 기각되었다. 손준성 검사는 헌법재판소법 제51조(심판절차의 정지) '피청구인에 대한 탄핵심판 청구와 동일한 사유로 형사소송이 진행되고 있는 때에는 재판부는 심판절차를 정지할 수 있다.'로 탄핵심판이 정지되었는데, 2024년 12월 6일 항소심에서 무죄가 나왔다. 민주당을 포함한 야당들의 탄핵 남발로 아무도 파면당한 적이 없는 것이다.

이후 헌법재판소에 정확한 이유는 모르겠지만 국회에서 한 명도 임명하지 않았다. 2024년 처음으로 탄핵 소추된 이진숙 방송통신위원장은 '제23조(심판정족수) ① 재판부는 재판관 7명 이상의 출석으로 사건을 심리한다.' 효력정지 가처분을 신청하여 통과되었다. 이 가처분이 현재 윤석열 대통령 탄핵 심판에도 영향을 미치고 있다.

저들이 그럴듯한 절차를 밟고 있지만 포장에 넘어가서는 안 된다. 대통령이 문제면 대통령을 탄핵하는 수준에서 끝내야 하는데, 탄핵을 남발하여 국정을 마비시키려는 우려를 주고 있다. 심지어 자신들이 그동안 임명하지 않았다가 부랴부랴 헌법재판관 3명을 추가로 임명하라며 급히 절차를 밟는 모습은 모순이 아닌가?

'민주주의가 망할 때까지 민주주의를 외쳐라.' 소련 초대 지도자였던 레닌의 말이다. 2014년 통합진보당 해산 판결 때도 이 문구가 나왔다.

피청구인 주도세력은 "민주주의가 망할 때까지 민주주의를 외쳐라. 공산주의자는 법률위반, 거짓말, 속임수, 사실은폐 따위를 예사로 해치우지 않으면 안된다."고 한 레닌의 말처럼 용어혼란전술, 속임수전술 등을 통하여 북한식 사회주의의 실현을 '민주혁명의 과업'으로 바꾸어 말하고 있고, 그들이 말하는 자주·민주·통일이라는 용어도 일반적으로 사용하는 의미와는 전혀 다른 것이다. 그들은 '우익 대 좌익'의 싸움을 '민족·민주·민중 대

반민족·반민주·반민중'으로, '평화 대 전쟁, 통일 대 반통일, 화해 대 분열'로 포장한다. 나아가 그들은 내면화된 신념으로 무장하며, 자신의 깊숙한 정체를 드러내지 않은 채 조직적으로 활동하여 왔다. 폭력적 방법의 사용도 불사하여 자유민주주의 체제의 파괴를 기도하였다.

이렇듯 대한민국의 삼권분립을 위협하면서 겉으로 민주주의를 언급하는 사람들은 자유민주주의 체제의 최대 위협 대상자라는 것은 과거 헌법재판소의 판결 사례에서도 증명된다.

다시 한번 말한다. 이 거대한 악을 막아내고 나서 다른 것을 생각해 보자. 1946년 미군정의 여론조사에서는 사회주의 공산주의 선호도가 77%였다. 그 시절에 비하면 지금은 더 좋은 환경이다.

최성환 빅픽처 대표

2024. 12. 28.

17 성남시장 당선 이전까지의 이재명

이재명은 1986년 10월 22일 28회 사법시험에 합격한다. 당시 그의 동기 중에는 문재인 정부에서 검찰총장을 맡았던 문무일이 있었다. 2017년 문재인 정부의 첫 검찰총장 후보로 문무일이 거론되었을 때다. 그는 2017년 7월 4일 자신의 페이스북에 〈문무일 검찰총장 후보자에 대한 추억〉이라는 제목의 글을 게시했다.

내용 중에는 '우리는 사법연수원에 처음으로 노동법학회 등 학회를 만들어 활동하고, 무변촌 봉사활동을 시도하다 연수원측 제지로 좌절된 후에는 노동운동단체나 인권단체 등에서 자원봉사활동을 벌였다. 1988년 당시 노태우 대통령이 정기승 대법관을 대법원장으로 지명하자 법조계의 반대로 2차 사법파동이 시작되었다. 사법연수생 185명의 반대성명서가 발표되고 판사들까지 참여한 2차사법파동으로 대법원장 지명은 철회되었다.'고 설명했다.

사법연수원생 시절에도 노동법학회라는 조직을 만들어 활동했다는 이재명은 동기, 차기였던 19기와 함께 정기승 대법원장 임명을 반대하는 운동을 했었다. 당시 1988년 7월 2일 한겨레 기사 '정치 대법원장' 거부 확산이라는 제목의 기사에도 사법연수원 18, 19기생 181명이 정기승 대법관 임명을 반대하는 성명을 발표했다는 내용이 실렸다.

공교롭게도 정기승 전 대법관은 2004년 노무현 전 대통령 탄핵 소추 때는 국회 측 변호인단, 2016년 박근혜 전 대통령 탄핵 소추 때는 대통령 측 변호인단을 맡았다.

경기도 성남시에서 변호사를 개업한 이후 1995년도에 전대협(전국대학생대표자협의회) 산하조직인 용성총련(용인성남지구 총학생회연합) 1기 의장 출신이자 당시 성남미래 준비위원장이었던 김태년을 변호했었다.

이 당시 김태년은 간첩 김동식으로부터 무전기를 받은 국가보안법 위반 혐의(회합·통신)으로 구속되었는데 결국 이듬해인 1996년 8월에 재야단체 활동을 이유로 징역 1년과 집행유예 2년을 선고받았다.

이재명과 김태년의 관계는 2020년 5월 김태년 국회의원이 더불어민주당 원내대표로 선출된 직후 당시 경기도지사였던 이재명이 뉴스1이라는 언론사와 인터뷰하여 당시 기사 외에 나머지 내용이 밝혀졌다.

2005년 8월 23일 이재명은 시민운동가 자격으로 열린우리당에 입당했다. 당시 이재명은 성남시장 후보 출마를 염두에 두고 입당한 것이다. 그러나 23.75%를 득표하여 낙선했다.

이후 이재명은 열린우리당이 친노와 비노로 갈등했을 때 비노였던 정동영과 함께한다. 정동영은 박정희 전 대통령의 유신체제를 반대했던 민청학련 사건으로 구금된 경력이 있는 등 운동권 출신으로 육군도 강제로 입대당한 경력을 가졌던 MBC 기자 출신 정치인이다.

이재명은 2007년도에 정동영을 지지하는 모임인 정통들(정동영과 통하는 사람들)의 대표로 활동했다. 이후 정동영 대선 캠프에서 국민통합본부추진위원장으로 활동하였다. 당시 손학규 후보 지지자였던 정봉주 의원, 김영주 의원과 마찰이 벌어져서 지상파 뉴스까지 나왔다.

우연인지 악연인지 훗날인 2024년 8월 민주당 전당대회에서 정봉주 의원은 1위로 시작했지만 결국 최고위원에서 낙선하게 된다. 이보다 앞서 김영주 의원은 2024년 4월 총선 때 현역 의원임에도 공천받지 못해 당을 옮기는 수난을 겪었다.

2010년 6월 지방선거에 이재명은 성남시장에 재도전을 한다. 이 시기 무상급식 등 무상시리즈가 화두에 올랐고, 민주당과 선명한 진보좌파 정당들의 야권연대가 시작된 시기였다.

이 재 명 정동영 후보측 국민통합추진본부장

2007년 9월 30일 SBS에 정동영-손학규 후보 진영
한밤중에 '육탄전' 제목으로 보도된 당시 이재명

민주당 후보로 성남시장에 출마한 이재명은 선거 한 달도 채 안남은 2010년 5월 11일 통합진보당의 전신인 민주노동당의 김

미희 후보와 단일화한다. 6월 2일 이재명은 성남시장에 당선된다.

당선 직후 이재명은 시민행복위원회라는 인수위원회를 구성하고, 단일화를 했던 김미희를 위원장으로 임명했다.

시민행복위원회 소속 중 요주의 인물들 명단

김현경(민주노동당 성남시의원, 성남시청소년육성재단 사무국장)

김현지(성남참여연대 사무국장, 경기도청 비서관, 이재명 보좌관)

박경희(민주당 성남시의원, 이재명표 청년기본소득 정책 조례 폐지 반대)

신건수(이재명 성남시장 비서, 6.2지방자치실현 새바람성남시민회의 사무국장, 진보당 경기도당 위원장, 형 이재선과 통화 내용 중 언급, 통합진보당 국회의원 지위확인소송 탄원운동 서명자)

윤상화(국민참여당 분당갑지구 위원장, 통합진보당 성남시 공동위원장)

윤원석(1989년 한국외대 용인캠퍼스 총학생회장, 민중의소리 대표, 통합진보당 성남시 중원구 국회의원 후보, 언론사 대표 시절 기자 성추행 전력으로 사퇴)

이덕수(성남참여자치시민연대 상임대표, 통합진보당 국회의원 지위확인소송 탄원운동 서명자)

이상훈(미디어공동체 늘봄 대표, 성남시 비서실에서 2017년 초까지 6급 별정직이었던 정진상 정책실장과 함께 주무관으로 근무)

이영진(경기문화재단 본부장, 삼민투 출신, 1985년 미국 상공회의소 점거 농성, 이재명 대학교 동기)

이용대(민주노동당 정책위의장, 경기동부연합의 대표적 인물로 거론)

이용철(법무법인 새길 대표변호사, 새길은 성남시장 당선 이전 이재명의 소속 법무법인, 민변 출신, 노무현 정부 민정비서관, 방위산업청 차장)

이한주(가천대 교수, 기본소득 정책 설계자, 민주연구원장)

임예호(민주당경기도당서민경제특별위원회 위원장, 성남시 중원구 민주당 예비후보)

장순화(경기도의원 후보, 성남여성의전화 대표)

전석원(성남시체육회 부회장, 민주당 중앙당 부대변인)

정정옥(새날 복지회 상임이사, 경기도가족여성연구원장)

조양원(민주노동당 성남시위원장, 사회동향연구소장, 이석기 내란음모 사건으로 3년 만기 복역 후 출소)

차지훈(법무법인 에이팩스 변호사, 민변 국제연대위원장, 이재명과 사법연수원 동기, 이재명 성남시장 시절 33건의 사건을 수임)

최성은(성남시 의원, 민주노동당 성남시위원장)

추응식(신구대학 시각디자인과 교수, 성남 착한장터 사회적협동조합 이사장, 통합진보당 국회의원 지위확인소송 탄원운동 서명자)

한용진(성남평화연대정책위원장, 경기동부연합 공동의장, 민혁당 사건으로 구속된 전력, 이재명 성남시장 시절 청소업체 나눔환경 특혜 논란)

최성환 빅픽처 대표

2024. 12. 28.

부록

일자별 기사제목으로 보는 대한민국 체제붕괴 징후

野, 장관 줄탄핵 시사… "5명 탄핵시 법안 의결 못해 자동 발효"
2024-12-23 조선일보

野 "韓대행, 24일까지 특검법 공포 안하면 즉시 책임 묻겠다"
2024-12-22 서울신문

민주당 "韓 대행, 거부권 행사 포기하라… 탄핵 소추안 준비 중"
2024-12-18 조선일보

"거부권땐 탄핵"… 민주, 한 권한대행 압박하며 '입법폭주' 재가동
2024-12-17 문화일보

R&D · 복지 예산까지 삭감한 민주당, 민생 외칠 자격 있나
2024-12-03 중앙일보

'사드 배치 지연·서해 공무원 피살' 감사가 탄핵사유? … 도 넘은 野 정치탄핵
2024-12-03 더퍼블릭

巨野, 법안도 입맛대로... 간첩죄 확대 돌연 반대

2024-12-03 조선일보

툭하면 '검사 탄핵', 결국 피해는 국민 몫

2024-12-01 서울경제

전국 송전선 건설, 31곳 중 26곳 지연

90개월·66개월 … 준공 기한 넘겨, 송배전망 확충 제대로 안 이뤄져, 애써 지어
놓은 발전소 가동 못해

2024-11-29 조선일보

"윤석열 정권을 몰아낸 자리에 노동자 민중의 권력을 세우자"

2024- 11-09 민주노총 2024 전국노동자대회·1차 퇴진 총궐기

'판사 선출제·법 왜곡죄' 꺼내든 민주당…법조계 "논의 가치도 없다"

2024-06-11 뉴스1

노동시민단체 "주4일제, 총선 공약 채택해야"

2024-02-20 세계일보

文정부 청와대, 집값 통계 94회 조작 지시

2023-09-15 조선일보

창원간첩단 기소된 자통 일당, 재판장 고발하며 또 시간끌기 작전

2023-09-14 동아일보

동의대·남민전 사건도 '민주 유공자'… 野 추진 법안에 포함

2023-06-26 조선일보

민간인 고문·사노맹도 '민주화 운동'… 현대重 962명도

2023-06-26 조선일보

"한반도 전쟁 부르는 한미연합 화력격멸훈련 중단하라"

2023-05-31 오마이뉴스

前국정원 간부 "文국정원, 간첩 보고하면 돌연 휴가 갔다"

2023-04-12 중앙일보

경유 1만8000t 北에 몰래 넘겼다… '한국 귀화' 중국인 구속

2023-01-30 조선일보

민노총·라임·쌍방울… '수상한 사람들'의 핫플, 캄보디아

2023-01-23 조선일보

野 "무인기 대응, 정전협정 위반"… 국방부 "자위권" 반박

2023-01-08 국민일보

김민전 "주한미군 철수하라는 민노총, 자본·일자리·노조도 사라질 것"

2022-12-08 조선일보

"원자력硏에 中국적자 뽑았다" 블라인드 채용 5년간 무슨 일이

2022-10-28 조선일보

육사 필수 교과목에서 '6·25전쟁사' 빠져

2022-10-24 에포크타임스

中·日로 흘러간 '수상한 외환거래' 2조원 수사

2022-07-08 조선일보

文, 퇴임연설에서도 '촛불 염원' 강조 "여전히 우리의 희망이자 동력"

2022-05-09 동아일보

윤석열 대선 출마금지法? … 민주주의 흔드는 巨與의 '입법 쿠데타'

– 더불어민주당이 '1가구 1주택' '임대료 멈춤법' '윤석열 출마 금지법' '대북전
단살포금지법' 등 기본권과 사유재산권, 시장경제 등을 보장한 헌법을 위반하고
민주주의 원칙을 훼손하는 법안들을 잇달아 발의

2020-12-23 문화일보

"탈원전 대못박나" 원전 핵심 한전기술 설계단 해체

2021-11-19 매일경제

검찰 "증권·조세 수사맥 끊긴다"…'직제개편 반대' 공식화

2020-01-16 헤럴드경제

미군, 갈테면 가라 자세로 자주국방 확립해야

2019-11-15 조선일보

한국당 윤상직 "불산 일본 수출량, 한–일 통계 불일치"

– "일본의 대북 반출 의심 주장하는 포인트…철저히 조사해야"

2019-07-12 17:59 CBS노컷뉴스

"시민단체 시위 경력도 공무원 호봉 반영" … 공무원들 부글부글

2018-01-04 조선일보

"한반도 떠나 어디에서 훈련하나" 미 해병대사령관 작심 발언

2018-10-11 중앙일보

'무단 반출' 원자로 중저준위 폐기물 10톤 … '행방불명'

2018-10-11 JTBC

"인권 언급 말고 사드 철수하라" 청구서 내미는 北

2018-05-04 조선일보

6·25남침부터 천안함까지 '북한 도발史' 통째로 삭제
- 초·중·고 통일교육 교재, 軍 정훈 교재도 '北 부정 평가' 지우기

2018-03-09. 조선일보

아리랑TV, 베트남 국영방송과 '한국군 민간인 학살' 다큐 합작

2017-12-28 연합뉴스

정부, 동성애 인정에 나서다.
'양성평등→성평등' 바꾸려 하자 … 일부 기독교계 반발

2017-12-04 JTBC

주민자치간사·코디네이터·활동가, '혁신 예산'으로 만들어진 '시험없는
공무원' 논란

2017-12-02 중앙일보

윤석열 대통령의 대국민 특별 담화(1차)

2024년 12월 03일

　존경하는 국민 여러분, 저는 대통령으로서 피를 토하는 심정으로 국민 여러분께 호소드립니다. 지금까지 국회는 우리 정부 출범 이후 22건의 정부 관료 탄핵 소추를 발의하였으며, 지난 6월 22대 국회 출범 이후에도 10명째 탄핵을 추진 중에 있습니다. 이것은 세계 어느 나라에도 유례가 없을 뿐 아니라 우리나라 건국 이후에 전혀 유례가 없던 상황입니다.

　판사를 겁박하고 다수의 검사를 탄핵하는 등 사법 업무를 마비시키고, 행안부 장관 탄핵, 방통위원장 탄핵, 감사원장 탄핵, 국방부 장관 탄핵 시도 등으로 행정부마저 마비시키고 있습니다.

　국가 예산 처리도 국가 본질 기능과 마약범죄 단속, 민생 치안 유지를 위한 모든 주요 예산을 전액 삭감하여 국가 본질 기능을 훼손하고 대한민국을 마약 천국, 민생 치안 공황 상태로 만들었습니다.

민주당은 내년도 예산에서 재해대책 예비비 1조원, 아이돌봄 지원 수당 384억원, 청년 일자리, 심해 가스전 개발 사업 등 4조 1천억 원을 삭감하였습니다.

심지어 군 초급간부 봉급과 수당 인상, 당직 근무비 인상 등 군 간부 처우 개선비조차 제동을 걸었습니다. 이러한 예산 폭거는 한마디로 대한민국 국가 재정을 농락하는 것입니다. 예산까지도 오로지 정쟁의 수단으로 이용하는 이러한 민주당의 입법 독재는 예산 탄핵까지도 서슴지 않았습니다. 국정은 마비되고 국민들의 한숨은 늘어나고 있습니다.

이는 자유대한민국의 헌정질서를 짓밟고, 헌법과 법에 의해 세워진 정당한 국가기관을 교란시키는 것으로써, 내란을 획책하는 명백한 반국가 행위입니다.

국민의 삶은 안중에도 없고 오로지 탄핵과 특검, 야당 대표의 방탄으로 국정이 마비 상태에 있습니다.

지금 우리 국회는 범죄자 집단의 소굴이 되었고, 입법 독재를 통해 국가의 사법·행정 시스템을 마비시키고, 자유민주주의 체제의 전복을 기도하고 있습니다.

자유민주주의의 기반이 되어야 할 국회가 자유민주주의 체제를 붕괴시키는 괴물이 된 것입니다. 지금 대한민국은 당장 무너져도 이상하지 않을 정도의 풍전등화의 운명에 처해 있습니다.

친애하는 국민 여러분, 저는 북한 공산 세력의 위협으로부터 자유대한민국을 수호하고 우리 국민의 자유와 행복을 약탈하고 있는 파렴치한 종북 반국가 세력들을 일거에 척결하고 자유 헌정질서를 지키기 위해 비상계엄을 선포합니다. 저는 이 비상계엄을 통해 망국의 나락으로 떨어지고 있는 자유 대한민국을 재건하고 지켜낼 것입니다.

이를 위해 저는 지금까지 패악질을 일삼은 만국의 원흉 반국가세력을 반드시 척결하겠습니다. 이는 체제 전복을 노리는 반국가세력의 준동으로부터 국민의 자유와 안전, 그리고 국가 지속 가능성을 보장하며, 미래 세대에게 제대로 된 나라를 물려주기 위한 불가피한 조치입니다.

저는 가능한 한 빠른 시간 내에 반국가 세력을 척결하고 국가를 정상화 시키겠습니다. 계엄 선포로 인해 자유대한민국 헌법 가치를 믿고 따라주신 선량한 국민들께 다소의 불편이 있겠습니다마는, 이러한 불편을 최소화하는 데 주력할 것입니다.

이와 같은 조치는 자유대한민국의 영속성을 위해 부득이한 것이며, 대한민국이 국제사회에서 책임과 기여를 다한다는 대외 정책 기조에는 아무런 변함이 없습니다.

대통령으로서 국민 여러분께 간곡히 호소드립니다. 저는 오로지 국민 여러분만 믿고 신명을 바쳐 자유 대한민국을 지켜낼 것입니다. 저를 믿어주십시오.

감사합니다.

윤석열 대통령의 대국민 특별 담화(2차)

2024년 12월 12일

존경하는 국민 여러분, 저는 오늘 비상계엄에 관한 입장을 밝히기 위해 이 자리에 섰습니다. 지금 야당은 비상계엄 선포가 내란죄에 해당한다며, 광란의 칼춤을 추고 있습니다. 정말 그렇습니까? 과연 지금 대한민국에서 국정 마비와 국헌 문란을 벌이고 있는 세력이 누구입니까?

지난 2년 반 동안 거대 야당은 국민이 뽑은 대통령을 인정하지 않고 끌어내리기 위해 퇴진과 탄핵 선동을 멈추지 않았습니다. 이는 대선 결과를 승복하지 않은 것입니다. 대선 이후 현재까지 무려 178회에 달하는 대통령 퇴진 및 탄핵 집회가 열렸습니다.

대통령의 국정 운영을 마비시키기 위해 우리 정부 출범 이후 지금까지 수십 명의 정부 공직자 탄핵을 추진했습니다. 탄핵된 공직자들은 아무 잘못이 없어도 소추부터 판결 선고 시까지 장기간 직무가 정지되었습니다. 탄핵이 발의되고 소추가 이루어지기 전, 많은 공직자들이 자진 사퇴하기도 했습니다. 이는 탄핵 남발로 국정을 마비시킨 것입니다.

장관, 방송통신위원장 등을 비롯해 자신들의 비위를 조사한 감사원장과 검사들을 탄핵하고, 판사들을 겁박하는 지경에 이르렀습니다. 이는 방탄 탄핵이며, 공직기강과 법질서를 완전히 무너뜨리는 행위입니다.

뿐만 아니라, 위헌적 특검 법안을 27번이나 발의하면서 정치 선동 공세를 가해왔습니다. 급기야 범죄자가 스스로 자기에게 면죄부를 주는 셀프 방탄 입법까지 밀어붙이고 있습니다. 거대 야당이 지배하는 국회는 자유민주주의의 기반이 아니라 헌정 질서를 파괴하는 괴물이 되었습니다.

이것이 국정 마비이며, 국가 위기 상황이 아니면 무엇이란 말입니까? 지금 거대 야당은 국가 안보와 사회 안전까지 위협하고 있습니다.

지난 6월, 중국인 3명이 드론을 띄워 부산에 정박 중이던 미국 항공모함을 촬영하다 적발된 사건이 있었습니다. 이들의 스마트폰과 노트북에는 최소 2년 이상 한국의 군사시설을 촬영한 사진들이 발견되었습니다. 지난달에는 40대 중국인이 드론으로 국정원을 촬영하다 붙잡혔습니다.

하지만, 현행 법률로는 외국인의 간첩행위를 간첩죄로 처벌할 길이 없습니다. 이러한 상황을 막기 위해 형법의 간첩죄 조항을 수정하려 했지만, 거대 야당이 완강히 가로막고 있습니다.

지난 정권 당시 국정원의 대공수사권을 박탈한 것도 모자라, 국가 보안법 폐지까지 시도하고 있습니다. 이는 간첩을 잡지 말라는 말과 다름없습니다.

거대 야당은 북한의 불법 핵 개발과 미사일 위협 도발에도, GPS 교란과 오물풍선에도 대응하지 않았습니다. 오히려 북한 편을 들며 정부의 대응을 방해하고, UN 대북 제재를 먼저 풀어야 한다고 주장합니다.

검찰과 경찰의 내년도 특경비, 특활비 예산을 전액 삭감한 것도 문제입니다. 이는 금융사기 사건, 마약 수사, 조폭 수사 같은 민생 범죄 대응을 가로막는 행위입니다. 대한민국을 간첩 천국, 마약 소굴, 조폭 나라로 만들겠다는 것 아닙니까?

거대 야당은 대한민국의 성장동력을 꺼트리려 하고 있습니다. 원전 생태계 지원 예산, 차세대 원전 개발 예산, 기초과학 연구 예산 등을 대폭 삭감했습니다. 이는 경제 위기와 민생 악화를 초래하는 무책임한 행위입니다.

저는 이러한 상황에서 더 이상 지켜볼 수 없었습니다. 비상계엄령 발동은 헌법에 따라 국가 기능이 정상적으로 작동하지 않는 상황을 바로잡기 위한 결단이었습니다. 저는 국방장관과 논의 끝에 병력을 최소화하고, 국회에 질서 유지를 위한 소수 병력을 투입하도록 했습니다.

병력 투입은 국회 기능을 마비시키기 위한 것이 아니었습니다. 이는 질서 유지를 위한 최소한의 조치였으며, 국회의 계엄 해제 의결 후 즉각 병력을 철수시켰습니다.

저는 비상계엄을 통해 국민들에게 망국적 상황을 호소하려 했습니다. 이는 자유민주주의 헌정 질서를 수호하기 위한 불가피한 선택이었습니다.

지금 야당은 저를 중범죄자로 몰아 탄핵을 시도하고 있습니다. 그러나 저는 이에 당당히 맞설 것입니다. 저는 국민을 위해 싸우는 대통령으로서, 대한민국의 자유민주주의를 지키기 위해 끝까지 싸우겠습니다.

국민 여러분, 이제 우리가 하나가 되어 대한민국의 미래를 지키는 길에 나서야 합니다. 자유민주주의와 헌정 질서를 수호하기 위한 싸움에서 함께해 주시기를 간곡히 부탁드립니다.

감사합니다.

윤석열 대통령의 대국민 특별 담화(3차)

2024년 12월 14일

존경하는 국민 여러분, 오늘 국회의 탄핵소추안이 가결되는 모습을 보면서, 처음 정치 참여를 선언했던 2021년 6월 29일이 떠올랐습니다. 이 나라의 자유민주주의와 법치는 무너져 있었습니다.

자영업자의 절망, 청년들의 좌절이 온 나라를 채우고 있었습니다. 그 뜨거운 국민적 열망을 안고 정치에 뛰어들었습니다. 그 이후 한 순간도 쉬지 않고, 온 힘을 쏟아 일해 왔습니다.

대통령이 되어 현장의 국민을 만나보니 전 정부의 소주성 정책으로 소상공인과 자영업자가 비명을 지르고 있었고 부동산 영끌대출로 청년들과 서민들이 신음하고 있었습니다.

그렇지만 차분히 어려운 사정을 챙겨 듣고 조금씩 문제를 풀어드렸을 때, 그 무엇보다 큰 행복을 느꼈습니다.

수출이 살아나면서 경제가 활력을 되찾고, 조금씩 온기가 퍼져나가는 모습에 힘이 났습니다. 무너졌던 원전 생태계를 복원시켜 원전 수출까지 이뤄냈습니다.

미래를 위해 꼭 필요하지만 선거에 불리할까봐 지난 정부들이 하지 못했던 4대 개혁을 절박한 심정으로 추진해 왔습니다. 국민을 위해 고민하고 추진하던 정책들이 발목을 잡혔을 때는 속이 타들어가고 밤잠을 못 이뤘습니다. 한미일 공조를 복원하고 글로벌 외교의 지평을 넓히기 위해 밤낮 없이 뛰었습니다. 대한민국 1호 영업사원 타이틀을 달고 세계를 누비며 성과를 거둘 때면, 말로 설명할 수 없는 큰 보람을 느꼈습니다.

대한민국의 국제적 위상이 높아지고 우리 안보와 경제가 튼튼해지는 모습에 피곤도 잊었습니다. 이제, 고되지만 행복했고 힘들었지만 보람찼던 그 여정을, 잠시 멈추게 됐습니다. 그동안의 노력이 허사로 돌아가지 않을까 답답합니다.

저는 지금 잠시 멈춰 서지만, 지난 2년 반 국민과 함께 걸어 온 미래를 향한 여정은 결코 멈춰 서서는 안 될 것입니다. 저는 결코 포기하지 않겠습니다. 저를 향한 질책, 격려와 성원을 모두 마음에 품고, 마지막 순간까지 국가를 위해 최선을 다하겠습니다.

공직자 여러분께 당부 드립니다. 어렵고 힘든 시간이지만, 흔들림 없이 각자의 위치를 지키며 맡은 바 소임을 다해주시길 바랍니다.

대통령 권한 대행을 중심으로 모두가 힘을 모아서, 국민의 안전과 행복을 지키는 데 최선을 다해주시기 바랍니다. 그리고 정치권에 당부 드립니다.

이제 폭주와 대결의 정치에서 숙의와 배려의 정치로 바뀔 수 있도록 정치문화와 제도를 개선하는 데 관심과 노력을 기울여 주시기 바랍니다.

사랑하는 국민 여러분, 저는 우리 국민의 저력을 믿습니다. 우리 모두 대한민국의 자유민주주의와 번영을 위해 힘을 모읍시다.

감사합니다.

계엄 포고령

2024년 12월 03일

자유대한민국 내부에 암약하고 있는 반국가세력의 대한민국 체제전복 위협으로부터 자유민주주의를 수호하고, 국민의 안전을 지키기 위해 2024년 12월 3일 23:00부로 대한민국 전역에 다음 사항을 포고합니다.

1. 국회와 지방의회, 정당의 활동과 정치적 결사, 집회, 시위 등 일체의 정치활동을 금한다.

2. 자유민주주의 체제를 부정하거나, 전복을 기도하는 일체의 행위를 금하고, 가짜뉴스, 여론조작, 허위선동을 금한다.

3. 모든 언론과 출판은 계엄사의 통제를 받는다.

4. 사회혼란을 조장하는 파업, 태업, 집회행위를 금한다.

5. 전공의를 비롯하여 파업 중이거나 의료현장을 이탈한 모든 의료인은 48시간 내 본업에 복귀하여 충실히 근무하고 위반시는 계엄법에 의해 처단한다.

6. 반국가세력 등 체제전복세력을 제외한 선량한 일반 국민들은 일상생활에 불편을 최소화할 수 있도록 조치한다.

이상의 포고령 위반자에 대해서는 대한민국 계엄법 제9조(계엄사령관 특별조치권)에 의하여 영장없이 체포, 구금, 압수수색을 할 수 있으며, 계엄법 제14조(벌칙)에 의하여 처단한다.

2024. 12. 3. (화) 계엄사령관 육군대장 박안수

윤석열 대통령의 12·3 비상계엄 선포와 국회의 비상계엄 해제 결의안 수용은 국가 수호와 헌정 수호를 위한 의지의 표현이었다.

대통령의 비상계엄 선포는 대통령의 고유 권능에 따른 주관적 판단에 의한 고도의 정치 행위다. 국회의 비상계엄 해제 결의안 수용은 윤석열 대통령의 법치주의 실현을 위한 헌정 수호의 실천적 행동이었다.

정치는 상식이다. 정치에서는 법과 원칙보다 더 우월한 가치가 상식이다. 한동훈 전 대표는 비대위원장 시절부터 당 대표 퇴임까지 1년 동안 '차별'과 '견제'라는 명분으로 윤 대통령을 괴롭혔고, 변화와 쇄신의 미명 아래 국민의힘을 정체성 없는 정당으로 만들었다.

일반 국민은 윤석열 대통령과 국민의힘을 비판할 수 있다. 그러나 오늘의 한동훈을 만들어준 윤석열 대통령과 국민의힘을 배신하고 분열을 초래한 것은 비상식적이다.

한동훈 국민의힘 전 대표는 대권 망상에 빠져 어린왕자처럼 행동하다 윤석열 대통령과 국민의힘을 해치는 '흉기' 같은 역할을 했다. '사람을 잘못 들이면 집안이 망한다'는 말처럼, 결국 그렇게 되고 말았다.

윤 대통령의 비상계엄 선포와 국회의 탄핵소추로 인한 국정 혼란의 원인은 이재명 대표와 더불어민주당이 제공했다.

이재명 대표와 더불어민주당은 지난 제20대 대선 결과를 승복하지 않았다. 그들은 윤석열 정부를 인정하기는커녕 전쟁의 대상으로 삼았다.

이재명의 비서 김현지는 2022년 9월 1일, 이재명에게 검찰의 출석 요구서가 나오자 "의원님, 출석 요구서가 방금 왔습니다. 전쟁입니다"라는 문자를 보냈다.

이들은 당연히 받아야 할 이재명의 검찰 수사를 윤석열 정부와의 전쟁으로 간주하며 지난 2년 반 동안 투쟁해왔다.

국회는 윤석열 정부 출범 이후 22건의 정부 관료 탄핵 소추를 발의했으며, 심지어 판사를 겁박하고 다수의 검사를 탄핵하며 사법 업무를 마비시켰다. 또한, 한덕수 대통령 권한대행 겸 국무총리 탄핵, 행안부 장관 탄핵, 방통위원장 탄핵, 감사원장 탄핵, 법무부 장관 탄핵 등을 추진하며 행정부까지 마비시켰다.

예산 처리에서도 국가 본질 기능, 마약 범죄 단속, 민생 치안 유지를 위한 모든 주요 예산을 전액 삭감하여 국가의 본질적 기능을 훼손하고 대한민국을 마약 천국과 민생 치안 공황 상태로 만들었다.

윤 대통령의 말처럼 이는 세계 어느 나라에서도 유례가 없을 뿐만 아니라 건국 이후 전혀 없었던 일이다. 이는 자유 대한민국의 헌정 질서를 짓밟고, 헌법과 법에 의해 정당하게 기능하는 국가기관을 교란시키는 행위로, 내란을 획책하는 명백한 반국가적 행동이다.

지금은 전쟁 중이다. 헌법 정신은 대한민국 수호에 있다. 대한민국 헌법을 수호해야 한다. 윤석열 대통령을 지키는 것이 체제가 붕괴되고 있는 대한민국을 구하는 길이다.

윈스턴 처칠은 "당신이 직접 조작한 통계가 아니라면, 어떤 통계도 믿지 말라"고 했다. 야권의 왜곡 선동과 언론 방송의 자극적이고 왜곡된 보도를 믿어서는 안 된다. 믿고 의지할 것은 우리가 보고 느끼는 애국심과 대한민국 헌법 가치뿐이다.

끝으로, 책 출간에 기꺼이 참여한 빅픽처 최성환 대표와 물심양면으로 출간에 힘써 주신 유지훈 투나미스 대표께 깊이 감사드린다.

우리는 약해지면 안 된다.

"평화는 강자의 특권이다. 약자에게는 평화를 누릴 자격이 없다."

— 윈스턴 처칠 —

전영준

전영준

전영준은 1959년 서울에서 태어나 서울 오산고와 인하대학교 무역학과를 졸업하고, 중앙대학교 국제경영대학원을 수료했다. 2002년 대선에서 이회창 후보의 지지단체인 청년포럼 'Clean Lee'를 이끌며 정치 활동을 시작했으며, 이후 국민의힘(새누리당, 한나라당) 대선 후보들의 홍보와 조직 분야를 지원했다.

2010년 인터넷신문 푸른한국닷컴을 창립한 그는 정치, 경제, 사회 등 다양한 분야의 이슈를 심층적으로 다루며, 균형 잡힌 시각과 날카로운 통찰을 독자들에게 제공하는 데 주력하고 있다. 저널리스트이자 칼럼니스트로서 주요 현안에 대한 과감한 의견을 제시하며, 정치 현안 분석과 대안 제시, 선거 전망 예측 등에서 탁월한 식견을 발휘하고 있다.

전영준은 단순한 언론인을 넘어 자유와 정의를 바탕으로 대한민국 보수적 가치를 지키고 미래를 설계하는 데 앞장서는 한 축으로 활동하고 있다. 그의 노력과 통찰은 많은 이들에게 큰 귀감이 되고 있다.